卡耐基 给少年的 成长书

掌握演讲
表达方法

壹直读 · 编著

U0314473

化学工业出版社

· 北京 ·

图书在版编目（CIP）数据

掌握演讲表达方法/壹直读编著．—北京：化学工业出
版社，2023.6
（卡耐基给少年的成长书）
ISBN 978-7-122-43208-7

Ⅰ．①掌… Ⅱ．①壹… Ⅲ．①演讲-语言艺术-青少年
读物 Ⅳ．①H019-49

中国国家版本馆CIP数据核字（2023）第069001号

KANAIJI GEI SHAONIAN DE CHENGZHANG SHU: ZHANGWO YANJIANG BIAODA FANGFA

卡 耐 基 给 少 年 的 成 长 书 ： 掌 握 演 讲 表 达 方 法

责任编辑：隋权玲　　　　　　　　　　　装帧设计：史利平
责任校对：王鹏飞

出版发行：化学工业出版社（北京市东城区青年湖南街13号　邮政编码100011）
印　　装：三河市延风印装有限公司
710mm×1000mm　1/16　印张12¼　2024年3月北京第1版第1次印刷

购书咨询：010-64518888　　　　　　　　售后服务：010-64518899
网　　址：http://www.cip.com.cn
凡购买本书，如有缺损质量问题，本社销售中心负责调换。

定　　价：49.80元　　　　　　　　　　　版权所有　违者必究

戴尔·卡耐基（1888 年 11 月 24 日—1955 年 11 月 1 日）是美国著名人际关系学大师，现代成人教育之父，被誉为 20 世纪最伟大的心灵导师和成功学大师。其经典著作《人性的优点》和《人性的弱点》对无数的成年人形成了深远的影响，意义非凡。社会上关于这两本书的衍生书籍有很多，包括了女性、口才、交际、励志等方方面面，但少年儿童领域鲜少有人触及，其实，卡耐基的很多理念与经验对少年儿童也有着莫大的借鉴意义。

演讲是将自己的想法与观点在公众场合表达出来，用恰当的语言、得体的肢体动作来说服听众。演讲口才是综合素质的展现，我们看到演讲家们站在讲台上口若悬河、滔滔不绝地演讲时，自然而然地会被吸引，并惊叹于他们的气场、淡然自若的神态。

但很多人一旦自己站在公众面前，却会紧张、结巴、忘词，甚至不知所云。少年儿童，正处于自我认知的敏感时期，失败的演讲体验不仅不利于自我展现，还很可能会给演讲者带来挥之不去的心理阴影，严重的甚至会产生自卑、消极、恐惧等心理。

针对这一情况，我们从卡耐基总结的丰富的演讲经验和语言技巧中，选取其精华内容，并结合生动翔实的案例和著名的经典演说编写成本书。旨在提升孩子演讲和表达的水平，培养小演说家的自信。

少年儿童是人生发展和思想观念形成的关键时期，随着时代的发展，由于信息社会的影响、家庭陪伴的缺少和自我成长的偏失，不合群、不自信、负面情绪多等问题在这个时期变得多发，更需要正确的引导和帮助。基于此，我们将卡耐基作品中适合少年儿童的内容精选出来，汇编成《学会与他人相处》《掌握演讲表达方法》《做情绪的主人》《肯定自己，超越自己》4本书，以期对处于人生重要阶段的少年儿童所面临的交际、口才、情绪烦恼等问题给出切实有用的指导和激励。

在本套书中，每个小节都以"'我'的困惑（案例故事）"开篇，提出少年儿童的困扰和问题；接着是"案例时间"，用一些经典案例提供该类问题或正面或反面的实例；之后是"卡耐基如是说"，这个栏目结合卡耐基的相关著作内容，对这些问题加以解释、扩展，给大家以哲理性的启示；最后是"你可以这样做"，列举具体、翔实的应对方法。理论讲完之后是"实战漫画"，用简单的小漫画模拟应用场景，并提供两种解决问题的思路和方法，让小读者在对比中更清晰、明了地进行择优。

希望本套基于卡耐基经典、适合少年儿童阅读的丛书，能够给小读者们切实有用的指导和借鉴，以期为少年儿童的成长和进步贡献绵薄之力！

壹直读

目录 | *CONTENTS*

第三章　一开始就吸引人的技巧

第四章　演讲不可或缺的逻辑性

第五章　身体"演"到位，声音"讲"到位

第六章　让听众参与到演讲中来

第七章　好结尾给演讲锦上添花

第八章　别让临场意外破坏演讲气氛

第九章　搞定不同类型的演讲

第一章 培养演讲者的自信

1. 对于演讲，你在惧怕什么？

"我"的困惑

我是小智，一说到上台演讲，我就害怕得不行！记得有一次，班里组织演讲活动，轮到我时，我感觉自己的心脏都要跳出来了。跌跌撞撞走到讲台上，面对下面注视着我的同学，我竟然完全忘记了事先已背诵下来的演讲稿，最后不得不红着脸灰溜溜地跑回座位。其实我也很想演讲，但怎样才能让我在演讲中不害怕呢？

案例时间

在卡耐基的培训班里，有一位名叫克狄斯的医生，他专门研究卫生保健。有一次，这名医生在参加棒球队组织的宴会时，被人请到讲台讲话。克狄斯在毫无心理准备的情况下被迫站上讲台，面对台下的人，他忽然心跳加快，紧张得一句话也说不出来，更别说给球队的队员提什么建议了。

克狄斯先生很想马上下台，却引来了更热烈的掌声，大家边鼓掌边叫起来："克狄斯大夫，讲几句！"无奈之下，克狄斯只好转过身去，背对着朋友们，默默地走了下去。

这次宴会让克狄斯丢尽了面子，宴会一结束，他就来到了卡耐基的培训班。卡耐基听完克狄斯的故事后，告诉他，他最需要做的是克服上台演讲的恐惧感。而克服恐惧感唯一且有效的方法，就是在公开演讲前确立信心。

经过两个月的培训后，克狄斯对演讲的恐惧情绪再也不见了，他甚至成了班上的演讲名家。这时他开始接受邀请，到各地发表卫生保健学的演讲。

三个月后，卡耐基邀请克狄斯先生参加一场有三千人参与的聚会，让他谈谈在培训班里学习的感受，并且告诉他："这次你只有两分钟的演讲时间。"克狄斯站在讲台上侃侃而谈，足足讲了十分钟。

人们总是羡慕那些用演讲征服世界的人，比如林肯、萧伯纳等著名演说家，但到自己演讲时，却又畏缩不前，非常恐惧。实际上，无论处在何种情况下，绝没有人是天生的演说家。

演讲并不是一件非常可怕的事，你只需要有充分熟悉的演讲题目和内容，再加上自信心和决心，就可以做到当众演讲。所以从今天开始，你就要放松自己，在大众面前说话时保持轻松乐观的态度。要在每个句子，甚至每个词语上都烙上自信和决心的印记，并竭尽全力来培养这种能力。如果能够做到这些，人人都能够激发出自己的演讲潜能，这非常容易。

你可以这样做

怎样才能克服对演讲的恐惧？

1 上台前表现出信心十足的样子。

心理学家认为，我们的行动是受意念控制的。如果你在演讲前感到紧张、恐惧，心里很没底，但在行动上做出抬头挺胸、目光坚定、气势十足的样子，就会缓解紧张情绪，让自己感觉不那么害怕。

所以，不管是面对几名观众，还是成千上万名观众，我们都一定要让自己表现出好像真的很有勇气、很有信心的样子。

轮到小智上台演讲时，他该怎么做呢？

A 大家好，我是……是小智，今天我……我要演讲的是……

B 大家好，我是小智，今天我要演讲的题目是《勇敢与自信》。

" 我更喜欢 B 场景中小智的表现。"

2 让自己深呼吸。

初次登台，心里难免有些紧张，特别是听众较多且都是自己不认识的人时，更容易紧张。所以在登台演讲前，不妨深呼吸来缓解自己的紧张情绪，具体做法是：站立或坐在一个安静的地方，眼睛看向远方，让自己的身体放松，做缓慢的腹式呼吸；然后再给自己一个暗示：我现在从头到脚都很放松，我的情绪也很放松。这样就能快速地把紧张情绪疏解和释放出来。

当小智对演讲感到非常恐惧和紧张时，他要怎样缓解呢？

A 我好害怕啊！我感觉自己一会儿上台肯定会忘词的！

B 我现在很放松，我感觉不再紧张了，我一会儿能轻松地上台演讲……

 我更喜欢 B 场景中小智的表现。

3 转移注意力。

如果你总在想自己可能会在演讲过程中犯某些语法错误，或者发生中途突然忘词、讲不下去等令人不安的事情，就会加深你的恐惧心理。所以在开始演讲前，一定要把注意力从自己的身上移开，少关注自己的情绪，多关注你要讲的内容。当你全神贯注把精力集中在你要讲的内容上时，你就会忘掉自己、忘掉恐惧。

小智怎样做才能更好地将注意力从自己身上转移呢？

A 哎呀，我看起来是不是很紧张？我一会儿一旦忘词了可怎么办……

B 等下要讲的内容是《勇敢与自信》，我可以试着和台下的同学们互动一下。

我更喜欢 B 场景中小智的表现。

2. 谈自己感兴趣的话题

"我"的困惑

我是阿楠,我很喜欢演讲,可我经常不知道该讲什么才能吸引听众。学校组织演讲时,我会提前做准备,为了让我的演讲显得"高大上",我还会选择一些很有深度的文章来演讲,其实我自己也不懂这些文章的意思,结果演讲时就磕磕巴巴的,像背课文一样,台下的人也都开小差了。这让我很受打击,难道我真的很差吗?

案例时间

卡耐基在华盛顿开设的培训班里,有一位女士,他们都称她弗林夫人。

一天,轮到弗林夫人做演讲,她演讲的主题是赞美首都,但她的演讲就像是在背一本宣传手册,枯燥无味,杂乱无章,让人听起来也毫无热情,下面的学员根本感受不到任何意义。

两周后发生了一件事,让弗林夫人深受触动。那天,她停在公共停车场的一辆凯迪拉克被偷了。她急忙跑到警局报案,希望警察能帮助她尽快找到车,她还提供了悬赏,但无济于事。警察很直接地表示,他们根本处理不了这样的犯罪行为,而就在一周前,他们还悠闲地在街上巡逻,给弗林夫人开了罚单,因为她的停车时间超过了15分钟。现在他们却说没有时间抓罪犯,这让弗林夫人非常恼火。

弗林夫人的愤怒被点燃了，她有话要说，她不再像读宣传册上的话语那样，而是从亲身经历中迸发出一些滚烫的话。这样的方式唤醒了她的内心感受和她的真实信念，在关于首都的演讲中，她艰难地、一个字一个字地往外蹦，而现在，她一站到台上，张开嘴，她对警察的愤怒和谴责便汹涌而来，就像火山爆发一样。结果，她当天的演讲非常成功。

衡量一个演讲话题是否具有趣味价值的标准，就是问自己是否对它感兴趣、有多感兴趣。一次演讲通常是由三个要素构成的：演讲者、演讲词和听众。演讲者要想方设法让听众对自己演讲的话题感兴趣，演讲才会收获成功。因此，演讲者需要先对自己演讲的话题充满兴趣，并把由此产生的热情传递给听众，听众才会觉得有趣，并认为演讲的内容很重要。

只要是你自己感兴趣的演讲话题，即使演讲过程中突然忘词或出现了口误，也好及时补救。尤其你演讲经验不太丰富的话，更要选择那些自己喜欢、感兴趣或者领会比较深的话题，这样才更容易讲清楚、讲透彻，这点非常重要。

如何寻找自己感兴趣的话题？

1 从自己的切身体会谈起。

在演讲中，一些吸引人的话题通常不是什么"高大上"的话题，而是谈论者自己的一些切身体验，比如最幸福的一刻、所遇到的最尴尬的事情、何时何地遇到自己最亲爱的朋友，等等。他们专注地用自己的语言述说着，可能压根儿没想到要用什么开始、当论据、下结论等，但他们却能博得听众的喜爱，因为他们谈论的都是自己感兴趣的话题，这些就像是演讲者生命中的宝藏一般，所以讲起来会非常自然而富有感情，也会更吸引人。

阿楠在跟同桌讨论演讲的主题，他怎样选择更好呢？

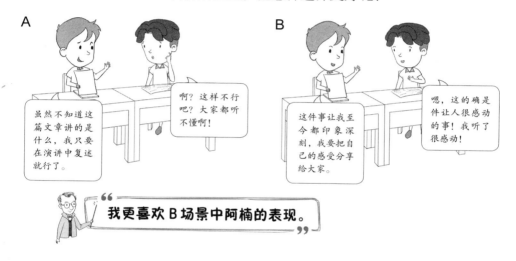

A

虽然不知道这篇文章讲的是什么，我只要在演讲中复述就行了。

啊？这样不行吧？大家都听不懂啊！

B

这件事让我至今都印象深刻，我要把自己的感受分享给大家。

嗯，这的确是件让人很感动的事！我听了很感动！

我更喜欢 B 场景中阿楠的表现。

2 从自己的兴趣爱好中寻找话题。

从自己感兴趣的话题谈起，会有更多的内容可以和听众分享。比如你喜欢摄影，那就谈谈你的摄影心得，教大家几个摄影小技巧；如果你喜欢书法，那就讲一讲你练习书法中克服的困难，推荐一些字帖……

要寻找这样的话题，就要培养自己的兴趣爱好，然后挑选一两种自己最感兴趣或最擅长的讲给大家。通常听众会被充满感情色彩的演讲内容吸引，因此把这些事用诚挚的语言表述出来，就会是一次丰富的、有内涵的演讲。

阿楠该如何从自己的兴趣爱好中寻找话题呢？

3 以自己的生活经验为话题。

你可能认为，个人的生活经验都是平凡小事，不值得拿出来分享。实际上，这些个人的生活经验和富有个性的见解，才是听众最乐于倾听的内容，也更容易产生强烈的反响。比如，你通过帮家人修电脑，发现了一个修电脑的小窍门；你是怎样练习打羽毛球的，等等。

在这方面，阿楠要怎么做才能让自己的演讲更吸引听众呢？

3. 做足演练，不打无准备之仗

"我"的困惑

我是李然。今天我出了个大丑，现在想起来我的脸还发烫呢！我们班组织了一次演讲，而我昨天晚上明明把演讲稿都背得滚瓜烂熟了，可今天上台演讲时，我竟然把里面的内容给讲错了！更糟糕的是，我自己竟然没发现，还是下面的同学提醒我，我才发现！真的是糗大了！我最后都不知道自己到底是怎么讲完走下来的！

案例时间

几年前，在纽约扶轮社午餐会上，一位地位显赫的政府官员担任主讲人，卡耐基和其他人都坐在下面，准备听一听他如何向大家介绍这次午餐会。

然而卡耐基发现，这位政府官员事先没有做任何准备，开场后他一时也找不到什么可说的，于是就从口袋里掏出一叠杂乱无章的笔记来，似乎他的演讲内容就在笔记中。但他手忙脚乱地翻了一通，仍然没找到任何有用的东西，他说起话来也越发尴尬而笨拙。时间一分一秒地过去，他越来越绝望，也越来越不知该讲什么，后来干脆用颤抖的手端起一杯水，凑到焦干的唇边。

这情景简直惨不忍睹，他完全被恐惧和紧张击倒了，只因为他没有为演讲做好准备。他的演讲就像卢梭说的那样："始于不知从何说起，止于不知所云。"

卡耐基每年都要对 5000 多次演讲进行评析，这也让卡耐基收获了一个重要感悟：只有准备充分的演讲者，才能从容镇定地完成演讲。没有做好准备，就像带着没有弹药而又破旧的武器上战场一样，又如何能攻克恐惧的堡垒呢？

"准备充分的演讲"并不是写下一些漂亮的语句，也不是把演讲词背诵下来就行了。倘若我们逐字背下演讲稿，当面对听众时，难免会因为紧张、害怕而忘词或者讲错。即使你很幸运没忘词、没讲错，讲起来也是干巴无味，因为这些演讲词不是来自我们的内心，只是出于我们的记忆而已。

我认为，演讲前应尽量提前一周确定题目，这样就可以利用零散的时间提前进行演练。真正充分的准备，要求我们把自己的肢体动作、语言等演练熟悉，这样在演讲时，你只需展现自己经常练习的成果，表现自己充满自信的一面，再配合清新活泼的语言，你的演讲就成功了。

怎样在演讲前做好充分练习呢？

1 反复诵读演讲稿，并不断完善。

演讲前肯定要先准备演讲稿，写好演讲稿后，反复进行诵读、练习，做到如行云流水一般滔滔不绝才行。在诵读过程中，如果感觉哪里不太合适，还要进行修改、完善，使稿子讲来既通顺，又富有感情、吸引人。最好能用自己的语言来描述你的演讲内容，而不是死记硬背。这样即使你在台上忘词或讲错，也能及时用自己的语言进行补救。

李然在演讲前要怎样准备才有效呢？

2　在家里借助镜子来演练。

站在一面镜子旁，一边练习一边看镜子中的自己，寻找自己有哪些地方还不够完善。尤其是那些你自己感觉还要改进的地方，更要特别注意。同时还要注意你的肢体语言，看看怎样用手势会让你看起来更自然、更自信。如果演练时犯了错或忘了词，不要让自己退回去重新开始，而是现场补救，看看自己怎样补救才最自然，尽可能模仿实际的演讲环境。

如果遵循这个原则，李然该怎样准备自己的演讲呢？

3 在家人或朋友面前演练。

在家人或者朋友面前多次演练，请家人或朋友仔细听你的演讲内容，观看你的肢体动作等，让他们来评价你在演讲过程中还有哪些地方需要改进。同时，你也要注意自己演讲时家人或朋友的反应，比如听到某处时皱眉，那可能表明他们没听懂，或者你这里讲得不恰当；如果对方忽然微笑或点头，那表示对你很认可。讲完后认真听听家人或朋友给你的反馈，然后自己修正。

对李然来说，他在家人面前演练时，该怎么做呢？

A　李然，我感觉你的手势太多了……

爸你不懂，手势多才能更吸引人！

B　李然，我感觉有几处你的手势不太恰当。

爸爸，您觉得我怎样做手势让您感觉更舒服一些呢？

我更喜欢 B 场景中李然的表现。

4. 别把结果看得太重

"我"的困惑

我是芳芳，最近我遇到一件让自己很烦恼的事：下周我就要代表学校参加市里的演讲比赛了，虽然我自己已经准备得很充分，但还是非常担心自己失败。一旦失败了，多丢脸啊！不但丢我自己的脸，还给学校丢脸！这几天我紧张得吃不好睡不好，怎么办啊？

美国曾经有一位高空走钢索的表演者，名叫瓦伦达。他当时是美国著名的杂技表演艺术家，以走的钢索距离长、离地面高而著名。瓦伦达参加过很多次表演，而且表演都相当成功。但是在最后一次重要的表演中，他却出了意外，从七十多米的高空中坠落身亡。

事后，有记者去采访瓦伦达的妻子。他的妻子悲伤地说："我预感到瓦伦达这次可能会出事，他走钢索前一直在强调，这次不一样，因为有总统在现场观看，所以他只能成功不能失败。"

正因为瓦伦达将结果看得太重，在走钢索时才难以完全集中注意力，结果导致了他的失败。演讲也是一样，把结果看得太重，只会增加演讲者的心理负担，看淡结果才更容易成功。

卡耐基曾经听过奥利弗·罗基爵士所做的演讲。奥利弗曾花了半个世纪的时间来研究、试验"原子与世界"的相关理论，在演讲时，他完全没有注意前来听他演讲的各界名流，而是一心沉浸在自己的研究成果中，根本不担心自己讲得好不好，甚至早已忘了自己是在演讲。因此，他演讲时全神贯注、满腔热忱，他的演讲明白、流畅且感情丰富。当然，他也完成了一场超凡脱俗的演讲，听众都被深深地吸引住了。

哪怕是一些职业的演说者，在登台演说时也会感到恐惧、紧张，这是人的正常生理和心理反应。只不过他们能快速地调整自己的情绪，战胜这种怯意和紧张，让自己完全进入到演讲的状态之中，不再过分关注自己到底讲得好不好、能不能拿冠军。只要能够从容大方地站在台上开口演讲，就已经成功大半了，至于最终的演讲效果，它还跟很多其他因素有关。

所以，请专注地投入到你的演讲中，就像台下没有观众一样，将你所有的注意力都放在你的演讲本身上，即使犯错也没什么大不了。这样一来，你的心情反而会轻松下来，演讲也就变成一件简单的事了。

怎样平衡自己演讲时的心态？

1 多给自己积极的心理暗示。

积极的心理暗示对于我们克服演讲时的过度忧虑有很大的帮助，在演讲前，不妨多给自己一些积极的心理暗示，比如：我已经准备得很充分，我的演讲一定会很顺利；演讲是一个令人很快乐的过程，我要尽情地享受这个过程……这样的心理暗示可以减轻心理负担，让我们更轻松地面对演讲。

当芳芳面对即将到来的演讲比赛时，她该怎样调整自己呢？

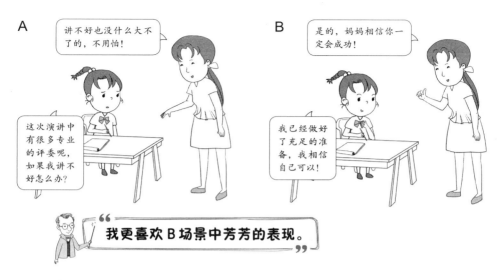

2 用平常心对待演讲。

我们每个人都可能有意无意地过度关注自己，比如关注自己给别人留下了什么印象、别人怎么评价自己等。尤其在演讲中，这种关注就更加明显了，生怕自己讲不好，让别人笑话。

其实你大可不必，有时我们过分关注事情本身，反而会设想出许多不好的结果，让自己陷入恐慌。但如果你能放下过度关注，用一种像对待吃饭、睡觉一样的平常心去对待演讲，反而更容易成功。以平常心对待结果，尽力去做这件事就好了。

对于芳芳来说，如果她想顺利完成此次演讲，该怎么选择呢？

3 学着自我解嘲。

很多人在演讲时之所以紧张害怕，是因为过度关注自己的弱点，结果越关注越紧张越没自信。其实每个人都有自己的弱点和不足，如果你能看开一点，多关注自己的优势和长处，你就会感到自己也没那么差。

如果你担心大家因为你演讲不好而嘲笑你或冷场，你也可以学着自我解嘲一下，活跃气氛。大家一起哈哈一笑，你也不会感觉太紧张了。

芳芳就要上台演讲了，媛媛在一旁为她加油打气。芳芳怎么做才能缓解紧张呢？

A 是啊！我也好怕自己讲不好啊！不然我都没脸回班级了！

B 我尽力哈，如果我讲不好急晕了，你们要记得把我抬回去哈！

> 我更喜欢 B 场景中芳芳的表现。

5. 放下面子，允许自己丢脸

我是媛媛，我非常喜欢演讲。在一次演讲中，我因为讲错了一句话而引得台下听众大笑，当时我感觉太丢脸了！从那以后，我就有心理阴影了，害怕再上台演讲，怕万一讲不好又跟上次一样丢脸。可我又很喜爱演讲，怎么办呢？

案例时间

日本有一位电视节目主持人，他原来在地方电视台主持节目。一开始，每次做节目对着镜头时，他都会感觉胸闷气短，特别难受。因为他感觉，只要自己一对着镜头，全世界的人都在看他，这让他压力特别大，就想表现得特别好。可越是这样，他就越表现不好，不但频频出错，有时还觉得喘不上气来。

这种情况让这位主持人很痛苦，有段时间甚至不敢面对镜头，生怕自己出错，在观众面前丢脸。有一天，他突然想通了：其实我只不过是个地方电视台的主持人，我的节目播出后，我也就只在短短的一段时间里出现在电视中。日本有那么多电视台、那么多主持人，怎么会有全日本甚至全世界的人来关注我呢？

想通这点后，他突然一下放松了，再主持节目时也变得很轻松，并且再也没出现过憋气的感觉。后来他主持得越来越好，就被调到了全国性的电视台，并成为非常著名的主持人。

卡耐基如是说

很多人有一个特点，就是喜欢以自我为中心，对自我感觉进行放大。这样一来，我们在演讲时就会站在自己的角度去讲，希望通过演讲获得别人的认可，希望通过演讲展示自己的才华、观点。所以，你才会害怕自己

17

出错、丢脸。

事实上，演讲唯一恐惧的就是恐惧本身，就算你讲错了一点或者哪儿讲不好，别人真的并不在意。甚至在你讲完后，他们很快就忘记了你所讲的内容。因此，我们无须觉得丢脸，不妨放下面子，尽情地在台上发挥，这样反而会讲得更加自如、成功。

怎样放下面子，轻松演讲？

1 将自己看得平凡一些。

在演讲前，将自己定义为一个平凡的人，就会让自己的心情放松下来。我们都是普通人，不论是做其他事还是演讲，都有可能会出错，这不是什么丢脸的事。一旦放下自我，我们反而会感觉更加轻松了，演讲也会变成一件普通而轻松的事。带着这样的心态上台，就不会给自己造成过度的登台恐惧了。

对于媛媛来说，她演讲前保持怎样的心态更好些呢？

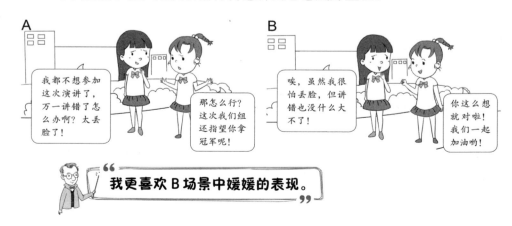

A

我都不想参加这次演讲了，万一讲错了怎么办啊？太丢脸了！

那怎么行？这次我们组还指望你拿冠军呢！

B

唉，虽然我很怕丢脸，但讲错也没什么大不了！

你这么想就对啦！我们一起加油哟！

" 我更喜欢 B 场景中媛媛的表现。"

2 挖掘自身的潜力。

除非一个人怀抱某种远大目标，并愿意为此奉献生命，否则任何一位演说家都有担心自己演讲出错的时候。所以如果你感到紧张、害怕，不妨为自己做一番精神动员，用浅显、直白的言辞告诉自己：我的演讲很不错，哪怕当众讲错了也不是坏事，这表明我还需要进步，我下次还可以讲得更好。

媛媛登台前，她该怎样做呢？

A
我会讲得很好，而且我比台下的任何一个听众都有资格来做这番演讲。

B
我好紧张啊，我觉得自己肯定会出错，会被听众笑话！

我更喜欢 A 场景中媛媛的表现。

3 拒绝做完美主义者。

不管是演讲还是做其他事，都不需要用完美来苛求自己，比如一刻不停地修改演讲稿、美化自己的体态、手势等，这样反而搞得自己越来越紧张。任何人都不可能做到完美或百分之百令别人满意，即使你在演讲过程中表现得不够完美，或者被听众挑了毛病，也不是什么大不了的事，只需告诉自己：我可以自如地表达我想说的话即可。

媛媛怎么做，才能避免过于追求完美呢？

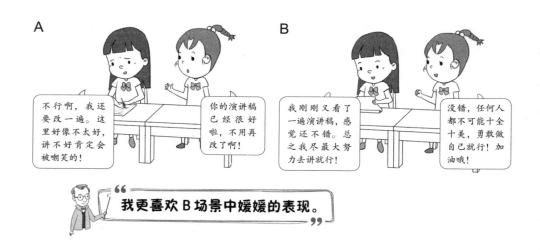

经典演说：戴高乐——《谁说败局已定》（节选）

导读

1940 年 6 月 17 日，法国元帅贝当向希特勒举起白旗，法国人民陷入黑暗之中。次日，戴高乐将军向法国人民发表了这篇演说，他自信从容地分析了敌我双方的形势，并坚定地认为自己的军队不会战败，使法国人民在黑暗之中看到了一丝光明，重燃希望之火。

正如卡耐基所说："我一生几乎都在致力于协助人们克服恐惧、增强勇气和信心。"用积极的心理暗示暂时取代恐惧，将大大有利于我们充满自信地面对听众。

正文

担任了多年军队领导职务的将领们已经组成了一个政府。但是现在，这个政府以我们的军队打了败仗为由去和敌人接触，谋求停战。

没错，我们确实吃了败仗，我们的部队已经被敌人的陆军、空军的机械化部队所包围。我们之所以落败，不仅是因为德军人数众多，更重要的是他们有飞机、坦克和详细的作战战略。正因为如此，我们的将领们才惊慌失措，以致出此下策。

难道真的是败局已定，胜利无望了吗？不，并不是这样！

请相信我，我对自己所说的话有完全的把握。请你们相信，法兰西并未落败。总有一天，我们完全可以以其人之道还治其人之身，有朝一日扭转乾坤，取得胜利。

因为法国并不孤立！也绝不孤立！她有一个幅员辽阔的帝国作后盾，她可以与控制着海域并在继续作战的不列颠帝国结成联盟。她与英国一样，能够得到美国雄厚工业力量源源不断的支援。

此次战祸所波及的国家，并不限于我们不幸的祖国，战争的胜败也不取决于法国战场的局势。这是一次世界大战。我们的一切过失、延误以及所受的苦难都无关紧要，世界上仍有可以粉碎敌人的手段。我们今天虽然被机械化部队打败，但将来却会依靠更高级的机械化部队夺取胜利。世界命运正系于此。

第二章 做好演讲前的准备工作

1. 为演讲选好主题

我是李然。刚刚我跟同桌达达争吵了起来，原因是学校要举行演讲比赛，老师让我们组成讨论小组，一起讨论演讲主题。我认为应该选择一些经典事件作为主题，但达达认为应根据时下热点来选主题。争论半天也没个结果，现在我们俩谁都不理谁。我想知道，到底演讲主题该怎么选呢？

美国有一档以家庭妇女为主要受众的电视节目，收视率很高。卡耐基很好奇，这么无聊的节目怎么会有人看呢？于是他就试着看了几期，结果一下子就被其中的互动环节吸引了。

在这档节目中，主持人虽然在说话和提问过程中会犯一些语法错误、修辞错误，但他的演说却非常有感染力，让人在听的过程中完全忽略了那些错误，进而被他的演说内容所吸引。

这是怎么回事呢？卡耐基发现，这位主持人在演说和与观众互动过程中，都在谈发生在自己身上的一些故事，不管是令人难为情的上厕所忘记带手纸，还是对于初恋的美好回忆，他都拿出来跟观众分享。而在讲这些故事时，原本是不需要顾虑什么语法问题和修辞问题的，自己的切身体会、自己的所想所感，就已经能够紧紧地抓住观众的心了。

由此，卡耐基总结出一条经验：当你苦于找不到合适的演讲主题时，不妨就从自己下手，在自己身上挖掘素材，用自己的亲身经历，去做属于你自己的演讲，效果将会非常棒！

做好演讲准备的第一步就是确定主题，也就是确定你所演讲内容的中心思想。我说过，如果你被你的主题深深地吸引，那么你几乎不会再考虑其他的事情。因为只有确定合适的主题，你的演讲才有中心轴、才有灵魂。不过，你也无须漫无边际地寻找演讲主题，只需要从自己的脑海中挖掘出自己最想倾诉的内容，这就是你最好的主题。主题选择正确，意味着你离成功又前进了一大步。

如果你喜欢自己选择主题的话，平时还要注意多学习，多了解更多方面的信息，这样你所选择的主题才能随着你知识面的拓展而更加丰富；而且你对主题了解得越深入，你的演讲就越精彩。

怎样为演讲选择合适的主题？

1️⃣ 选择自己最擅长的内容作为演讲主题。

在演讲当中，人们擅长谈论的一定是那些自己非常了解的话题，因

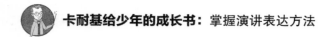
为只有谈论自己最熟悉、最擅长的话题，你的演讲才会更生动、更吸引人。当然，用你擅长的内容作为演讲主题不一定会引起听众的兴趣，这时你就要深挖一下主题的内在，另辟蹊径，凭广度和深度来抓住听众的心。

对于李然所在的演讲小组来说，他们要想在演讲中获得成功，该怎么选择演讲主题呢？

2 能够被充分讨论的主题。

浮光掠影、点到为止的演讲会比深入事实、发掘内涵的演讲容易得多，但这样的演讲却不能给听众留下深刻印象。所以在演讲之前，我们需要做好准备，确定题目后，多对自己提一些问题，如："我为什么会相信这些？""它到底是怎么发生的？""我到底要证明什么？"……而且你还要确定，自己演讲的主题是否适合当众讨论，如果有人反对你的观点，你是否能有百分之百的信心为自己辩护。如果可以，你的题目就是合适的。

当达达质疑李然的讲演题目过于片面时，李然怎么回应更好？

A

李然，你这个题目是《网络使人亲近》，我反而觉得网络让人疏远。

你说得也有道理，题目改成《网络的利与弊》好像更合适。

B

李然，你这个题目是《网络使人亲近》，我反而觉得网络让人疏远。

你懂什么啊，我讲我的，你听你的。

我更喜欢 A 场景中李然的表现。

3 能抓住听众喜好的主题。

不同的听众，喜欢听的内容也会不同，所以在演讲前，你有必要对观众"投其所好"。观众一般会喜欢能满足他们的求知欲、刺激他们的好奇心，或者是与他们的切身利益有关的话题，另外，一些娱乐性的话题也能让观众比较感兴趣，所以这些都可以成为你在演讲时的选择。否则，引不起观众的兴趣，无论你感觉自己的话题多么有趣，演讲时多么激情澎湃，都注定是一场"自娱自乐"。

李然和达达在争论听众喜好的演讲主题时，以下哪个场景中他们的表现更好些呢？

2. 听众分析应该怎么做?

　　我是苗苗，最近我遇到了一件很困惑的事：学校组织夏令营活动，要带我们到山区的小学去体验生活，同时要我们准备一些节目，给当地的同学表演。我准备了一篇演讲，是关于我参加奥数比赛的一些感想，可李老师说我的演讲不合适，山区的小朋友可能不会感兴趣，还让我做听众分析，该怎么做听众分析呢？

　　罗素·康威尔博士曾有一个著名的演讲主题，叫作"如何寻找自己"。

这个主题的演讲他先后讲了六千多次。可能你会想，重复这么多次的演讲，恐怕早已在演讲者的脑海中扎下根了吧，演讲时的语气、语调恐怕都不会有什么改变！而事实上却并非如此。

因为康威尔博士知道，他每一次演讲所面对的听众都是不一样的，他们的学识、经历、生活的环境等都各不相同。所以在每次演讲时，康威尔博士都会用恰当的方式，去迎合相应层次的听众，呈现给他们特别的、鲜活的、他们能够理解和接受的东西，而不是千篇一律、老生常谈。正因为这样，康威尔博士才能在六千多次的演讲中，成功地维系自己与听众之间轻松愉快的关系。他还说："当我到了某一城或某一镇，我总是先去访问那些经理、学校校长、牧师等，然后进店里与人们交谈，了解他们的历史和他们拥有的发展机会。这样，我才能发表我的演讲，与那些人谈论适用他们当地的题材。"

由于康威尔博士在演讲前懂得对听众进行分析，尽管相同的题材他已经讲了六千多场，听众不计其数，但同一内容他基本不会重复演讲两次。

演讲者在演讲前一定要对听众和演讲场合进行分析，始终清楚自己的演讲目的，否则就容易遭遇惨败。因为一场成功的演讲，需要演讲者使他的演讲成为听众的一部分，也使听众成为他演讲的一部分。所以在准备演讲时，我们的大脑中应该想着特定的听众，分析这些听众的喜好。康威尔博士每到一地，都会习惯性地将当地人经常谈论或熟知的内容加入自己的演讲当中，这样的演讲，听众自然会被深深地吸引。

也可以说，听众之所以对一场演讲感兴趣，正是因为演讲者的演讲内容中有与他们相关的内容。而这些内容的寻找、加入，与演讲者做足演讲前的听众分析密不可分。

怎样来对听众进行分析呢？

1 了解听众的结构组成。

听众的结构包括他们的人数、年龄、性别、经济状况、受教育程度、认知水平等。同时在演讲前，我们还要问自己几个问题：我的演讲能够帮助听众解决什么样的问题？我能给他们带来什么帮助？怎样才能帮他们达成目标……然后再针对你的听众结构，提前预测听众对演讲的反应。

假如李老师询问起苗苗的演讲主题，苗苗如何回答更好呢？

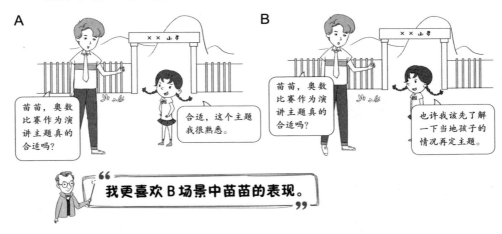

2 考虑听众的兴趣点。

在了解了听众的组成结构后，接下来你的演讲就要考虑一下听众的兴趣点，弄清听众对哪些内容感兴趣。如果你感觉要讲的内容大家听不懂或不太感兴趣，甚至可能有些反感，那就不要讲了。如果你认为听众会对某个话题感兴趣，就要弄清楚他们为什么感兴趣。比如，听众是和你一样的小学生，那么讲一些学习方法、时间管理、广泛的兴趣爱好等方面的内容可能比较适合，因为他们对这些有需求，对这方面的知识也会比较感兴趣。

苗苗想在山区小朋友面前演讲，她选择什么样的演讲主题更好呢？

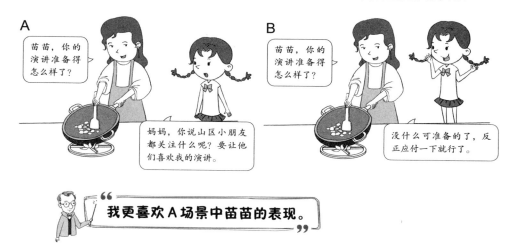

3 根据分析结果调整内容。

当你分析了听众的结构，弄清了听众的兴趣点后，接下来就要根据你的听众分析结果认真地调整自己的演讲内容了。如果你的分析结果跟你要演讲的内容正好符合，那当然最好，你甚至可以把自己的演讲内容再完善一下，增加演讲内容的广度和深度，从而更加吸引听众；相反，如果你要演讲的内容不符合分析结果，那么就要重新规划演讲内容，尽量去满足、适应听众的需要，而不是让听众来适应自己。

苗苗要想演讲成功，还需要做什么准备呢？

3. 补足知识储备，知己知彼

"我"的困惑

　　我是悦悦，月底我们班要举行一次演讲活动，主题是"学会感恩，懂得责任"。大家很快就开始准备自己的演讲稿了，可我想了半天也不知道该讲什么，脑子里空空的。我只好去跟芳芳讨论，结果讨论半天，芳芳说的一些内容我根本听不懂，更不知道该讲什么了。我该怎么应对这次演讲活动啊？

案例时间

　　卡耐基有个朋友，名叫约翰·甘德，是一位作家。他在写书和演讲之前，搜集的相关资料总是十倍甚至百倍于他实际需要的。

1956 年，甘德准备写一系列关于精神病院的文章。他拜访了全国各地的精神病院，分别与院长、工作人员和患者进行谈话。卡耐基有位朋友曾帮助甘德进行探访，这位朋友告诉卡耐基，他们一起跑遍了大大小小的医院进行访问，甘德先生做了大量的笔记，在他的办公室里，堆满了政府的文件，州、县医务报告，以及医院的各种文件和各类统计报表。

最后，甘德一共写了四篇文章，虽然篇幅都不长，但简明生动，很适合用于演讲，并且其中的每个数字都基于事实，非常具有说服力。甘德先生还特意告诉卡耐基，他对此很有心得，他认为自己是在挖掘一座埋有黄金的矿山，因此他不会放过任何一块矿石，直到将珍贵的金子挖出来。

在演讲前，我们需要做充足的准备，其中重要的一环就是积累足够的素材。一个没有足够知识积累的人，是不太能做好演讲的。学问是个利器，有了这个宝贝，一切皆可迎刃而解。虽然我们不一定能对各种专门的学问进行精湛的研究，但常识性的知识是必须掌握的。这样，我们才能将知识在自己心中潜移默化地吸收，继而巧妙地运用到各个场合，包括演讲。

对于一个演讲者来说，毫无准备地站在听众面前是危险的，这就像摩托车手在汽油不足的情况下就开始一次漫长的野外旅行。所以，在演讲前我们需要有充足的知识储备，对听众所需有足够多的了解，为自己的大脑多多储备"食粮"，这样才能让你在演讲时知己知彼，信心百倍。

怎样才能补足知识储备？

1 养成读书做笔记的习惯。

阅读不仅可以给我们带来乐趣，还能为我们提供信息，丰富我们的思想，所以一定要养成阅读的习惯。

与此同时，我们还要在阅读时做好笔记，笔记内容包括：书籍的作者、主要内容，其中让你有所感触的文字，还可以写出自己的感受，或者对书中内容进行简短的评价等。

悦悦在准备演讲前，怎么做更好呢？

2 了解听众需求，知己知彼。

当你通过阅读收集了大量资料后，接下来需要对这些资料进行整理和分析。比如，要知道听众希望听到哪些知识点，然后围绕听众想了解的知识进行演讲，也可以在演讲中有针对性地提出自己的观点和见解。但要注意，演讲中不要东拉西扯，故意彰显自己博学多识，这样反而画蛇添足。

对悦悦来说，面对"学会感恩，懂得责任"这个演讲主题，她该怎么准备内容呢？

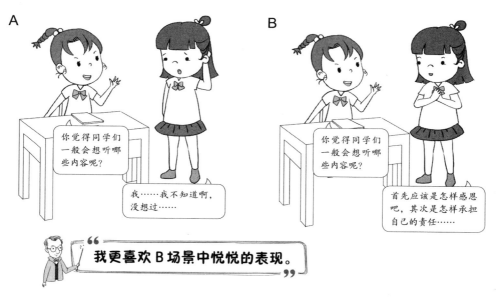

A
你觉得同学们一般会想听哪些内容呢？

我……我不知道啊，没想过……

B
你觉得同学们一般会想听哪些内容呢？

首先应该是怎样感恩吧，其次是怎样承担自己的责任……

我更喜欢 B 场景中悦悦的表现。

3 生活中多观察、多思考。

在日常生活和学习中，处处留心观察，认真体验，同样能获得许多知识。而且一些知识因为是亲身所见、所闻、所感，所以也更加真切动人。对于这些资料，我们要随时进行记录、整理。

还有些知识虽然不是亲身经历，但如果是自己亲自调查的，对事件的经过、结果等都很清楚，也可以作为演讲素材储备起来。演讲时运用这些资料，同样能得心应手，极易赢得听众的认可和共鸣。

对于悦悦来说，下面哪个做法更好一些呢？

4. "讲故事"，而非"讲道理"

我是媛媛，上星期我们学校举办了一次演讲活动，我觉得五年级三班的李然讲得特别好，他在演讲时竟然还讲起了故事，大家都被他的演讲吸引住了！可我的演讲就不行，大家都说我讲得干巴巴的，特别枯燥。演讲结束后，我很想去向李然请教一下，我怎么才能讲得像他那么精彩呢？

多年前，一位哲学博士和一个摊贩（他性格豪爽，曾在英国海军服役），一起参加了卡耐基在纽约举办的演讲培训班。这位哲学博士是一位大学教授，他温文儒雅，很有礼貌；而那位曾经遨游过七个海域的年轻人，退役后成了街旁的一名流动小摊贩。但奇怪的是，在这个演讲训练班培训过程中，年轻摊贩的演讲却远比大学教授的更加吸引人。

为什么会这样？

大家发现，大学教授每次发表演讲时，演讲词都整洁漂亮，讲话也是有条有理，逻辑清晰，他还拥有沉稳儒雅的台风，但他的演讲却缺少一项基本要素：故事。他的讲话内容太枯燥，过于空泛且道理太多。而那位年轻的流动摊贩正好相反，他一开口就能讲出一段自己亲身经历的故事，且故事能立即触及演讲话题的核心，他的演讲内容明确、具体、实在。再加上他那充沛的精力和新鲜的语句，让人一听就被吸引住了。

如果你的演讲老是谈一些道理或一些观念性问题，很可能会令人厌烦，但如果你在讲故事，就很容易吸引人们的注意力。这些故事可以是其他人的，也可以是自己亲身经历的，这种方式可以很快拉近演讲者与听众之间的距离，将听众带入到故事场景之中，从而与演讲者共情，产生认同感。

这一点我深有体会，我曾在美国和加拿大的学校发表演讲，我发现，要想引起听众的兴趣，必须说一些与人有关的故事。如一个人如何在恶劣条件下、在某种事业或行业中艰苦奋斗，最后取得胜利，这类故事一向最能激励人心，也最能引起人们的兴趣。

所以，善于在演讲中讲故事的人，往往也更容易让演讲获得成功。

如何在演讲中"讲故事"？

1 演讲中的故事要突出情节。

故事要讲得好，首先就一定要突出情节，而突出情节的关键在于遵循"5W"公式，即何时（when）、何地（where）、何人（who）、何事（what）、何故（why）。依照这个公式来讲故事，你的故事就能讲得趣味盎然，引人关注。

媛媛要在演讲中讲好故事，她怎么做更好呢？

A 演讲中的故事一定要有情节有细节，这样才能吊足听众的胃口……

有必要吗？大概讲出来不就行了吗？

B 演讲中的故事一定要有情节，还要好听，吊足听众的胃口……

就像你上周演讲中那样讲吧？原来你遵循了"5W"公式啊！

我更喜欢 B 场景中媛媛的表现。

2 利用对话让演讲戏剧化。

在演讲中讲故事时，并不见得每次都能在故事中加入对话，但如果能够加入的话，一定可以让你的演讲更加生动、具体。在这个过程中，若你还能再加些模仿技巧，将属于故事中的声调语气加入到演讲之中去，对话就更有效果了。

如果媛媛想让演讲中的故事更生动，下面哪种做法更有效呢？

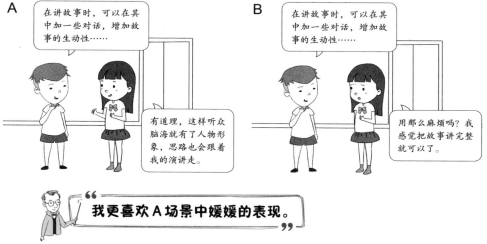

A　在讲故事时，可以在其中加一些对话，增加故事的生动性……

有道理，这样听众脑海就有了人物形象，思路也会跟着我的演讲走。

B　在讲故事时，可以在其中加一些对话，增加故事的生动性……

用那么麻烦吗？我感觉把故事讲完整就可以了。

我更喜欢 A 场景中媛媛的表现。

3 指名道姓，让演讲具体化。

讲故事时，如果中间牵涉到别人，一定要直接使用他们的姓名。当然，如果你想保护他们的身份，也可以编一个假名，比如小明、梅梅等，这样讲起来，就会比你用"这个人""某某"更加生动，引人入胜。

媛媛想让演讲中加入的故事更生动，以下哪种做法更好呢？

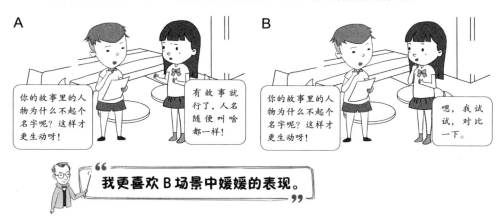

A　你的故事里的人物为什么不起个名字呢？这样才更生动呀！

有故事就行了，人名随便叫啥都一样！

B　你的故事里的人物为什么不起个名字呢？这样才更生动呀！

嗯，我试试，对比一下。

我更喜欢 B 场景中媛媛的表现。

5. 演讲需要借助视觉道具吗?

我是达达，也是学校演讲队的成员，两个月后我将代表学校参加一场演讲比赛。李老师认为，在演讲时可以根据自己的演讲内容，借助一些视觉道具来增强演讲效果，比如图片、文具等。但我觉得演讲时操作那些道具会让我很紧张，万一操作不好，不是搞砸了吗? 演讲中真的有必要使用视觉道具吗?

美国著名收银机公司总裁派特森，生前在为《系统》杂志写的一篇文章当中，曾简要地说明了他向工人和销售人员演讲时使用的方法:

"我认为，一个人不能指望仅仅借助语言就让别人了解他的想法，我们还需要一些具有戏剧性的补充，而最好的方法就是使用图片，以图片来表现出对与错。图表比语言文字更有说服力，而图片又比图表更有说服力。对某一主题最理想的表现方法，就是将每一部分配上图片，而文字与语言只是用来与它们配合的手段，小巧而幽默的图画效果会很好。我有一整套漫画或图表说明，一个圆圈内画上美元的符号，表示这是一张钞票;一个袋子上画上美元的符号，代表很多的钱……装钱的大袋子和小袋子并排放在一起，很自然表现出正确方法和错误方法的对比:一个表示赚很多钱，一个则表示赚钱不多。如果你能在讲话时快速地画出这些线条简单的图画，听众的注意力就不会分散，他们一定想看看你到底在干什么，也不会错过你所说的每一句话，从而了解你要传达的要点。"

有句话叫"百闻不如一见"，要想清楚地表达自己的思想，就应该生动地描绘你所说的要点，把你的想法具体化。研究表明，数量上从眼睛通入脑部的神经要比从耳朵通往脑部的神经多好几倍，而且我们对眼睛暗示的注意力是对耳朵暗示的 25 倍。所以，在演讲时，可以用到视觉道具时，我们完全可以使用。

我是很支持在演讲中运用一些视觉道具的，比如图片、图表等，当然也不是每个演讲主题或场合都适合展示，但只要能使用，我认为都可以使用。它们可以吸引听众的注意力，激发听众的兴趣，而且能让演讲者的意思表达得更清楚。

怎样在演讲中使用道具？

1 讲解到相关地方时再展示道具。

展示物最好先收起来，直到准备使用时再展示出来。如果你要展示一个物品或一个模型，展示时要把它放在听众能看得见的地方，比如放在演讲台旁边的桌子上，演讲时可以一边讲解一边将道具展示给大家看。演示时，

你不要站在挡住听众视线的地方，而应将道具充分展示给听众看。展示贴板上的图画、图表等也是一样，并且展示完后就将道具收起来，防止听众分心。

假如达达为了演讲提前准备了一个地球仪，他该如何使用呢？

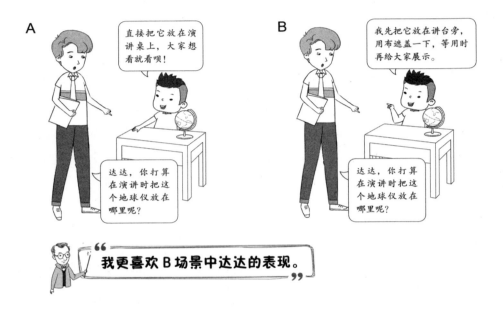

2 不要将道具在听众中传看。

演讲道具一旦传到了听众手中，你就有麻烦了，这至少会让三个人对你的演讲失去兴趣——刚刚看过道具的那个人、正在看道具的那个人和下一个即将拿到道具的人。此时，他们的注意力会被道具吸引，因而很难专注于你的演讲内容。所以，保证道具在你的手里，由你演示，而不是交给听众，让他们花时间去看道具。

达达要在演讲中用到地球仪了，他怎么做更好呢？

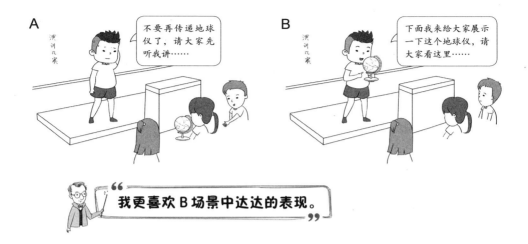

3 **不要过度依赖视觉道具。**

在对演讲道具做解释时，如果你一直盯着道具说话，就会与听众断开视线联系，这是不可取的。所以在展示道具时，一定要边解释道具边看向听众，与听众保持沟通，这样你才能得到信息反馈，知道你的道具与你的演讲是否被听众所理解了。

达达在演讲过程中，怎样展示道具更有助于强化演讲效果呢？

经典演说：恩格斯——《在马克思墓前的讲话》（节选）

导读

1883 年 3 月 14 日，伟大的哲学家、思想家、革命家马克思因积劳成疾而与世长辞。3 月 17 日，恩格斯发表了这篇著名的演讲，以缅怀这位亲密的朋友。

"一切成功的演说，都来自充分的准备。"这篇演讲，恩格斯曾几次修改讲稿，最终用开门见山、直入主题的方式，抒发对马克思的无限敬爱和万分悲痛的心情，使现场的人们也沉浸在对马克思的缅怀与崇敬之中。

正文

3 月 14 日下午两点三刻，当代最伟大的思想家停止了思想。他一个人留在房里还不到两分钟，当我们再进去看他时，他已经在安乐椅上安静地睡着了——但已经是永远地睡着了。

他的逝世，对于欧美战斗着的无产阶级，对于历史科学，都是不可估量的损失。这位巨人逝世以后所形成的空白，人们不久就会感觉到。

正如达尔文发现有机界的发展规律一样，马克思发现了人类历史的发展规律，即历来为繁芜丛杂的意识形态所掩盖着的一个简单事实：人们首先必须吃、喝、住、穿，然后才能从事政治、科学、艺术、宗教等等；所以，直接的物质生活资料的生产，从而一个民族或一个时代的一定的经济发展阶段，便构成基础，人们的国家制度、法的观点、艺术以至宗教观念，就是在这个基础上发展起来的。所以，也必须由这个基础来解释，而不是像过去那样做得完全相反。

…………

……现在，他离开了我们，从欧洲到美洲，从西伯利亚矿井到加利福尼亚，千百万的革命战友无不对他表示尊敬、爱戴和悼念，而我敢大胆地说：他可能有过许多敌人，但未必有一个私敌。

他的英名和事业将永垂不朽！

第三章 一开始就吸引人的技巧

1. 从一开场，就让听众感兴趣

我是芳芳，我最近特别烦恼，因为在刚刚结束的班干部竞选中，我落选了。其实我自己也知道原因，就是我的竞选演讲太普通了，我的同桌媛媛后来告诉我，她在听我的竞选演讲时都快睡着了！我特别想知道，怎样才能一开口就让听众感兴趣，并愿意继续听我的演讲呢？

1964 年初，秘鲁爆发政治危机，人们纷纷聚集到首都利马总统府所在的普拉沙·得爱尔玛斯广场上举行示威活动，可谓群情激愤。在危险一触即发的关键时刻，秘鲁总统贝拉文蒂来到群众中间，向示威者发表了一篇感人肺腑的演说。他是这样开场的：

"你们穿越平原，跨过大山；你们忍饥受冻，历尽千辛来到这里。在表明我的立场之前，首先，作为一个挚爱秘鲁的公民，我要从心底里感谢聚集在这里的每一个公民的忧国之情，并且奉上我的友情。在你们的热情面前，我无法替自己辩解，只是希望把所有的事实真相毫无保留地告诉你们……"

作为一国之首，贝拉文蒂在演讲时没有摆出高高在上的架子，而是放低姿态，以感谢开场，一下就体现出了他的真情实感，危机也随之化解。这样的开场可谓巧妙至极！

卡耐基曾经向具有丰富演讲经验的人士雷恩·哈罗德·赫克先生请教："什么才是演讲者最重要的东西？"赫克先生略微思索了一会儿，告诉卡耐基："一段能够吸引听众注意力的开场白，我想是最重要的。"这也正是赫克先生一直追求和实践的。每次演讲之前，他都会认真地设计好开头和结尾部分。

卡耐基如是说

好的开始是成功的一半。对于一场演讲来说，开场白的作用确实很大。威尔逊总统当年在国会上发表演说时，针对德国潜艇战发出最后通牒，只用了二十几个字，就成功地把人们的注意力吸引住了。他的开场白是："我有义务向诸位坦白，我们和德国的关系出现了一种全新的情况。"

在开场时，我们一开口就要牢牢地抓住听众的注意力，建立与听众之间紧密、和谐的关系，让听众在听完我们的开场后就产生"看来我应该认真听下去"的想法。只有这样，你接下来的演讲才更有意义。

如何才能在演讲开头就一鸣惊人呢？

1 给听众一个承诺。

要想听众对你的演讲感兴趣，你可以在演讲开头就先给听众一个承诺，或者让听众知道，接下来听你的演讲，他们将会获得他们需要的知识或内容。比如，"我想告诉大家，我是怎样学好英语的""听完我的演讲，你们就知道其实学会打棒球并不是件难事""我保证只要给我 10 分钟，大家就能看到另一个完全不一样的我"，等等。这种"承诺式"的开场白会引起听众的注意，因为它直接触及听众的自我关切。

芳芳在演讲时，怎么开场就让听众对她的演讲感兴趣呢？

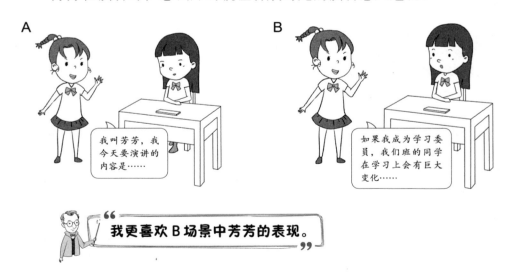

A

我叫芳芳，我今天要演讲的内容是……

B

如果我成为学习委员，我们班的同学在学习上会有巨大变化……

我更喜欢 B 场景中芳芳的表现。

2 以故事作为演讲的开始。

很少有人能够拒绝故事的吸引。我们在演讲时可以先讲一个与演讲主题有关的故事，由故事引出你的演讲内容。比如：在座的各位，请让我先讲一个故事。优美动人的故事不但具有很强的感染力，还富有深刻的启示性，让观众好奇接下来你将如何阐述自己的观点。如果你有一些特别的经历，也可以以自己亲历的故事作为开场，同样能吸引听众的兴趣，从而为你的演讲开个好头。

芳芳如果想用自己亲历的故事开场，她怎样开头才更吸引大家呢？

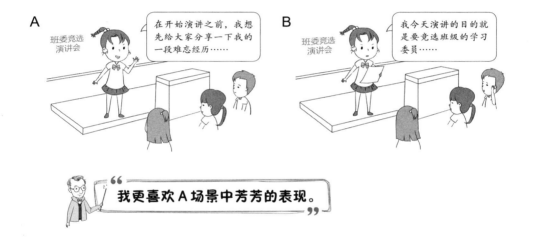

3 用互动的方式开场。

互动式的开场，可以让听众在一瞬间便参与到你的演讲中来，继而跟随你的演讲思路往下走。比如你可以这样与听众互动："有多少同学和我一样，喜欢玩桌游呢？请举手示意一下！""有哪些同学到过 A 地旅游，请举个手看看！"听众本来是坐着听演讲，现在通过举手，身体或精神状态突然发生了改变，通过身体或语言与演讲者互动，听众的注意力马上就会聚拢到演讲者身上。

如果芳芳想让自己的竞选演讲以互动的方式开场，她该怎么做呢？

> **我更喜欢 B 场景中芳芳的表现。**

2. 这样的自我介绍更出彩

"我"的困惑

  我是小智，现在我的心情很糟糕，在今天的班级演讲活动中，我出了一个大大的丑！因为在开头时要做个自我介绍，我的介绍是："大家好，我是'大愚若智'的小智……"结果引来大家肆意地嘲笑，他们都问我现在"愚"吗？我真生气！明明是想作出出彩的自我介绍的，结果却搞砸了！

案例时间

  美国有一位女官员，在南卡罗来纳州的一所学院对全体学生发表演说。她是这样讲的：

  "我的生母是一位听觉障碍者，她不能说话，所以我也不知道我的父亲是谁，更不知道他是否还在人间。我这辈子找到的第一份工作，就是到棉田里摘棉花。

"一个人的未来如何，不是因为他的运气，也不是因为环境。一个人如果想要改变当下充满不幸和不尽如人意的情况，只要弄清'我希望情况变成什么样子'这种问题的答案，然后在其中投入自己的全部力量，采取相应的行动，奔着理想的目标前行，你终将会达成目标。

"我的名字是阿济·泰勒·摩尔顿，今天我以美国财政部长的身份站在这里。"

自我介绍是当众演讲的基本功，也是向别人展示你自己的一个重要手段，其反映的不仅仅是你的语言表达能力，一段好的自我介绍还能让你给自己一个清晰、准确的定位，并对自己过往的经历有一个简单梳理。一个好的自我介绍，无疑会吸引听众的眼球，让听众对你印象深刻；相反，一个糟糕的自我介绍，对整场演讲都会造成负面影响。

自我介绍的主要目的是让听众知道并记住"我是谁"，这不但包括让听众记住你的姓名，还要通过自我介绍传达出你的优点、特长，让别人尽快了解你，拉近和你的距离。

怎样在演讲前出色地介绍自己呢？

1 巧妙介绍自己的名字。

名字的介绍是自我介绍中的重要组成部分，名字介绍得体，可以给

对方留下深刻而美好的第一印象，同时也为今后进一步沟通了解打下基础。同时在介绍名字时，最好能让自己的名字跟自己的性格、使命等结合起来。比如："我叫彬彬，彬彬有礼的彬，希望大家从认识我这一刻开始，都做一个彬彬有礼的人。"

对于小智来说，他在自我介绍时怎样做才更能吸引听众呢？

2 用讲故事的方式介绍自己。

为什么要用讲故事的方式呢？因为故事最能打动人，也最能让人记忆深刻。在介绍自己时直接述说一个关于自己的生动有趣的小故事，可以为你的自我介绍增色不少。这个故事就像是一块无形的惊堂木，让听众能够迅速安静下来听你的介绍。最后再用一个带有标签性的自我介绍，一下子就让听众记住了你的名字。

小智在演讲的开场，该怎样运用这种方法介绍自己呢？

3 展现自己与众不同的一面。

每个人都有与其他人不同的一面，比如有属于自己的家乡、学校、班级等，甚至是兴趣、爱好、荣誉、成就、过去、未来、梦想，等等。所以在做自我介绍时，我们可以依据主题和场景的需要，有所侧重地介绍自己。比如这样介绍："我是一名小学四年级的学生，平时我喜欢跳舞、唱歌，如果你也喜欢，我们可以一起互相鼓励、共同进步……"

按照这个方法，小智要怎样展示自己与众不同的一面呢？

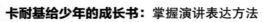
3. 悬念式开场，抓住听众的好奇心

我叫悦悦，我正在为下周的演讲做准备。经过跟同学的讨论，阿楠认为，我应该设置悬念，一下子抓住听众的心。可芳芳觉得，这样有点故弄玄虚。最后我们去征求王老师的意见，王老师支持阿楠的意见，可这反而难住我了！怎么才能设置好悬念呢？万一设置不好，会不会真像芳芳担心的那样，有点故弄玄虚啊？

下面这段演说的开篇，是赫维尔·海莱先生在费城体育俱乐部的演说班上讲过的。他说：

"在 82 年前，伦敦出了一本被公认为不朽的小说杰作，大家都称它为'环球最伟大的一部小说'。这本书刚刚出版时，伦敦市民在街头巷尾相遇时，都会彼此打个招呼，然后问一声：'你读过那本书吗？'答案一定是：'是的，我读过了。'在出版的第一天，这本书就卖出了 1000 册，两周内共卖出了 15000 册。此后，它再版了无数次，世界各国都有了译本。几年前，大银行家摩根还花费巨资买到了这部书的原稿，现在这部原稿和摩根收藏的其他宝物一并陈列在纽约市的美术馆中。那么，这样一部享誉世界的名著究竟叫什么呢？它就是狄更斯著的《圣诞节的欢歌》……"

这是一篇很成功的开篇，它为什么一开始就吸引了你的注意，并且还使你的兴趣逐步增加呢？就因为它以一种悬念式的方式开场，成功地引起了你的好奇心，使你的心情仿佛悬在了半空一样，直到听到这本书的名字，心才落下来。但接下来，你肯定更想知道，这本书为什么会这么火爆，因此就会继续关注演讲者的演讲了。

卡耐基如是说

美国戏剧理论家乔治·贝克在《戏剧技巧》一书中写道："悬念就是兴趣不断地向前延伸和欲知后事如何的迫切要求……"

在演讲的开场设置悬念，其实就是为了抓住听众的注意力和好奇心，使听众对演讲者设置的悬念产生强烈的关注和急切的期待。所以，有经验的演讲者很善于通过设置悬念来抓住听众的心，从而大大增加自己演讲的吸引力和感染力。

但要注意的是，在制造悬念后，不能故弄玄虚，也不要悬而不解，适当的时候一定要解开悬念，满足听众的好奇心，而且这样也能令前后内容互相照应，结构浑然一体。

你可以这样做

怎样在演讲开场设置悬念呢？

**向听众提出问题。**

演讲时向听众提出问题，并且不要急于自答，既能引起听众的注意和思考，又能让听众感到新鲜，还创造出一种平等讨论的气氛。

不过以提问题的方式设置悬念要注意，你所提的问题应该是全篇演讲的主旨凝聚点，或者是与你的演讲主题息息相关的问题。这样，一旦你给出了问题的答案，就能点明演讲的主旨，或者帮助听众进入正题。

如果悦悦想以悬念式的开场白来开始自己的演讲，她怎么做更好呢？

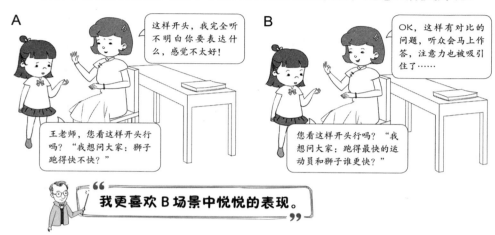

A

这样开头，我完全听不明白你要表达什么，感觉不太好！

王老师，您看这样开头行吗？"我想问大家：狮子跑得快不快？"

B

OK，这样有对比的问题，听众会马上作答，注意力也被吸引住了……

您看这样开头行吗？"我想问大家：跑得最快的运动员和狮子谁更快？"

我更喜欢 B 场景中悦悦的表现。

2　通过道具设置悬念。

演讲时使用道具可以增强演讲效果，同时，将道具摆上讲台也可以为演讲设置一定的悬念。听众们一看到道具，一时不明就里，自然就会抱着猎奇心理听演讲者来说明解释。这种设置悬念的方法也叫实物悬念。要注意的是，道具一定是听众所熟悉的，不熟悉的尽量不带上演讲台。

如果悦悦想用道具作为自己在演讲开场的悬念的话，怎么做更好呢？

A

大家先来看，这是个温度计，是我自己做的呢！

B

开始演讲前，请大家先看这是什么？别急，我马上告诉大家。

我更喜欢 B 场景中悦悦的表现。

3 以反常问题构成悬念。

正常的事听众都不会感到奇怪，而超越常规和常理的行为和问题，才会激起听众的好奇心。所以，我们可以巧借违反常规的问题来设置悬念，可收到出人意料的效果。

比如，我们开场时这样说："朋友们，我这里有个算式，就是1+1=3。大家说说，什么情况下这个算式成立呢？"这个问题一定会让大家面面相觑，因而对你接下来的演讲充满兴趣。

悦悦想在一开场就吸引听众的注意力，她该怎么用反常的问题来设置悬念呢？

A 昨天我看了一本书，书里第三页第四行有一句话深深地吸引了我……

B 我昨天看了一本书，书上说了这样一句话……

我更喜欢A场景中悦悦的表现。

4. 幽默式开场，营造轻松的气氛

"我"的困惑

我是阿楠，最近我遇到一件烦心事。我们学校要组织一次全校"演讲达人"擂台赛，我和达达都报名参加了。同学们一听说达达参加，都说特别期待达达的演讲，因为他说话特别逗、特别幽默。我不想失去这次难得的机会，也想让自己的演讲生动风趣，哪怕在开头出彩点儿也好，我该怎么做呢？

　　著名作家吉卜林向英国一个政治团体发表演讲时，在开场中说了一个笑话，引得全场捧腹大笑。卡耐基将这段开场白引入到他的培训班中，引导学员来看他是如何成功引起听众发笑的。他的发言是：

"主席，各位女士们、先生们：

　　我年轻的时候，在印度当记者，专门采访一些服刑的犯人，为一家报社报道犯罪新闻。这是一项很有趣的工作，因为这让我认识了一些骗子（听众大笑）。有些时候，我报道完他们被审的经过后，还会去监狱看望这些老朋友（听众大笑）。我记得有一位老朋友，他因为犯了谋杀罪被判了无期徒刑。他其实是个非常聪明、说话温柔又有条理的家伙，他自称要把自己的'人生经验'传授给我。他说：'拿我来说吧，人一旦做了不诚实的事，就深陷泥潭，难以自拔，只能不断骗下去。直到最后，我发现，必须除掉某个人，才能让自己恢复正直。'（听众大笑）哈，我想说，目前的内阁就是这种情况（听众大笑欢呼）。"

　　在演讲开头，吉卜林并没有直接叙述一些陈旧的逸闻往事，而是用一种玩笑的口吻讲述了自己的一段工作经历，并指出其中不对劲的地方，结果获得了令人欣喜的演讲效果。

幽默是一种充满机智而饶有趣味的语言特征，它既可以将沉闷的气氛活跃起来，让人心情愉悦，又能表现出演讲者机智的谈吐。在演讲开场时，如果能以一种幽默的方式开始，可以营造出轻松愉悦的演讲氛围。

不过，我认为，在众多幽默式的开场中，最容易营造欢快气氛的可能莫过于开自己的玩笑，比如讲一件自己曾做过的荒唐事或遇到的尴尬事，往往会触及幽默的实质。但是，你的幽默开场应该是与演讲主题相关的。这样的开场既能活跃气氛，又能增加听众对你的真诚的好感。

怎样在演讲时幽默地开场呢？

1 以自嘲的方式开场。

在开场时，我们可以用一种自我解嘲的方式来开始演讲。当然，这种开场方式不要自嘲得太过分，必须让听众感觉这种自我解嘲中的乐观情绪和幽默感，否则就会给人一种肤浅的感觉。胡适在一次演讲时曾这样开场："今天我不是来向大家做报告的，我是来'胡说'的，因为我姓胡。"话音刚落，听众大笑。

如果阿楠也想用自嘲的方式开场的话，他该怎么说呢？

我更喜欢 B 场景中阿楠的表现。

2 用幽默故事开场。

通过讲一个与演讲主题密切相关的幽默故事来作为演讲开头，也是个不错的开场方式，但故事要短小精悍，并能令人回味无穷。这种方式对语言技巧要求不高，但要注意故事不要太长、情节不要过于复杂，否则占用时间太长，容易令听众感到厌倦。

阿楠的演讲内容与动物有关，他该怎样用幽默的故事开场呢？

我更喜欢 A 场景中阿楠的表现。

3 从现场寻找幽默话题。

你可以从当地的一些新闻、现场的一些情况或其他演讲者的一些评论中寻找幽默点，活跃现场的气氛，也可以有意地夸大自己观察到的一些不和谐现象，这些办法要比那些陈旧的玩笑更能营造幽默感。

阿楠刚听完达达的演讲，现在他怎么开场，才能既幽默又有趣呢？

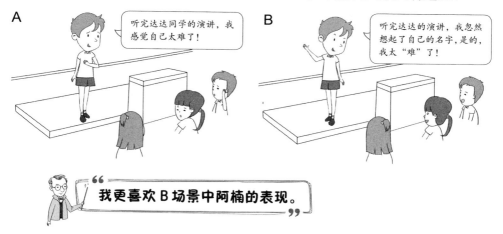

A 听完达达同学的演讲，我感觉自己太难了！

B 听完达达的演讲，我忽然想起了自己的名字，是的，我太"难"了！

我更喜欢 B 场景中阿楠的表现。

5. 以事实开头更容易引起共鸣

"我"的困惑

我是李然。我现在遇到了一件烦心事：昨天我们学校组织了一次公益活动，到一家养老院去看望那里的爷爷奶奶，帮助他们洗衣服、做饭、打扫房间。回来后，老师就提出在这周末举行一次演讲活动，主题就是参加这次公益活动后的感想。可我现在大脑一片空白，连怎么开场都不知道，怎么办啊？

美国费城乐观者俱乐部的前任主席保罗·吉朋斯，在一次关于"犯罪"的演说中，是用以下引人入胜的文字开头的：

"美国是世界上犯罪人数最多的国家，虽然这样说你可能很惊讶，甚至不相信，但这却是事实。

"在俄亥俄州的克利夫兰镇上，每年犯罪的人数是整个伦敦犯罪人数的6倍，抢劫发生次数是伦敦的170倍，甚至比英格兰、苏格拉和威尔士的总和还要多。

"在路易斯大街上，每年实施谋杀的人数超过了英格兰和威尔士人数的总和。在纽约城中，实施谋杀的人数也比法国、德国、意大利人数多。而更可悲的是，罪犯并不会因此而受到严厉的惩罚。如果你犯了谋杀的罪行，那么你受审的概率可能不到百分之一。这也就是说，那些患癌症死亡的人，其死亡概率都要10倍于因谋杀而被处以绞刑的人……"

这段开场白获得了极大的成功，因为吉朋斯先生列举了大量的事实，让人感觉栩栩如生。

卡耐基非常欣赏这种演讲开场方式，它的第一句话就向听众说明了自己要述说的事实，这自然使大家急切地想知道为什么会有这样的事情发生，于是大家都安静地听演讲者讲述这些事实，继而很想知道演讲者对这件事抱有何种态度，所以整个过程听众的注意力都会集中在演讲者身上。

一位著名期刊的创办者曾说："一篇好的报刊文章，应该具备翔实的、感人肺腑的事实材料。"因为这些事实材料出人意料，可以抓住读者的心。演讲也是如此。当你亮出自己的演讲主题之前，先讲一段与主题息息相关的事实或案例，立刻就能吸引听众的注意力，甚至会让听众产生疑问，想要解开疑问，获取答案，他必然会仔细地听你接下来的演讲。

当然，要想以这种方式开场，前期一定要做好调研工作，要以大量准确的数据资料来支持你的观点，千万别因为事实不清、数据不准而影响了你的演讲效果。

怎样用陈述事实的方式来开场呢？

1 清楚地陈述和表达事实。

如果你想以陈述事实的方式开始你的演讲，记住：一定要把你要讲的事件用清晰、简洁的语言表达清楚，切不可语意模糊、思路不清，甚至讲的事实毫无重点，让人听了不知所云。否则，不管你要讲的这件事多么震撼人心，都难以引起听众的兴趣和共鸣，甚至导致听众难以继续关注你接下来的演讲。

李然想在演讲时以陈述事实的方式来开场，他怎么说比较好呢？

2 以图片形式来阐述某个事实。

这种方式也可以叫作图片式开场白，就是在演讲前先向听众展示图片。当然，这种图片上的内容一定是某个事实或现象。在用简洁的语言介绍完图片的内容后，再正式开始你的演讲。

用这种方式来开场效果非常好，但也要注意，你的图片在视觉上必须有冲击力，同时图片的背后一定要有一个生动的故事或案例，这样才能引起听众的共鸣。

如果李然想在演讲中展示此次公益活动的照片，他怎么做才能为自己的演讲加分呢？

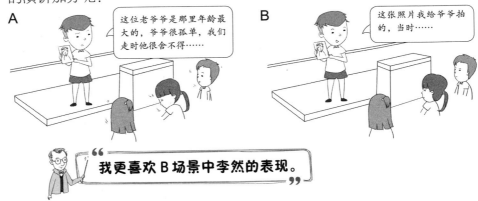

3 用事实引出你的演讲主题。

开场讲完了你要讲的事件后，一定尽快引出你的演讲主题。可以直接亮出主题，也可以通过问问题的方式，引导听众对你刚才讲述的事件进行思考，由此设置悬念，将听众引向你所要阐述的演讲主题。

如果李然想尽快引出自己的演讲主题的话，他怎么做更好呢？

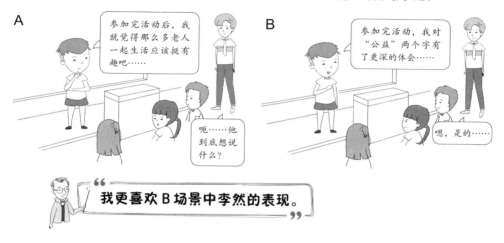

A 参加完活动后，我就觉得那么多老人一起生活应该挺有趣吧……

呃……他到底想说什么？

B 参加完活动，我对"公益"两个字有了更深的体会……

嗯，是的……

我更喜欢 B 场景中李然的表现。

经典演说：刘墉——《活出闪亮的人生》（节选）

导读

有一次，著名作家、教育家刘墉到一所大学演讲。面对把大礼堂围得水泄不通的同学，刘墉先讲了一个小故事。这个小故事似乎与主题并不相关，但却很有趣，同学们听得都入了迷。听完故事后，就在大家都纳闷时，刘墉才开始进入正题。

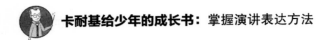

卡耐基曾多次说过，不论哪种类型的演说，以故事开篇都会给人留下深刻的印象。这样的开场既轻松、自然，又能牢牢吸引听众的注意力。

正文

有一种鸟儿，会利用某个人家倾斜的玻璃天窗作滑梯，而且还能一只接一只地排队玩耍。还有一种鸟儿会利用红灯亮的时候，把核桃放在马路中间，等到绿灯过后，鸟儿就会重新回到马路中间，飞快地衔走核桃仁。这时核桃已经被过往的车子碾碎了硬壳，可以吃到果仁了。

我的小故事里其实藏着一个大道理——你看，现在的小动物多聪明。也许有一天我们进公园，会发现收门票的变成了黑猩猩，而小狗也当起了邮递员。连动物都会随着时代进化，我们人类要活出自己的闪亮人生，不跟着时代进化怎么行？我们不是在新闻中看到会使用马桶的猫了吗？那些猫多么具有淑女气质！人家拉完了，还会摁一下，哗哗冲水呢！我们人类不进化，怎么闪亮啊，同学们……

第四章 演讲不可或缺的逻辑性

1. 逻辑是构筑演讲的框架

"我"的困惑

我是苗苗，刚刚我被李老师批评了，原因是我为下周演讲活动准备的演讲稿不过关。李老师说我的演讲稿内容逻辑混乱，条理不清，根本看不出我要表达什么。可我觉得我的演讲稿还行啊，难道真的有这么差吗？怎样才能让演讲稿显得有逻辑性呢？

案例时间

一天，卡耐基去拜访一家公司的总经理，发现这家公司总经理的门上挂着一个陌生的名字。这里的人事组长是卡耐基的老朋友，他告诉卡耐基："他的名字坑了他。"

"他的名字？"卡耐基不明白什么意思，"他不是这家公司的董事之一吗？"

"我说的是他的绰号。"卡耐基的朋友说，"他的绰号是'他现在在哪里'。这里的人都叫他'他现在在哪里·钟斯'，于是没多久，他就被另一个人取代了。因为他从来不花心思去了解整个公司的业务情况，每天这里窜一下，那里窜一下，以满场乱跑的方式打发时间。他觉得看到船运部门的职员关掉一盏灯，或见到速记员拾起一张纸，要比他研究一桩大买卖更重要。他很少待在自己的办公室，所以大家都叫他'他现在在哪里'。"

"他现在在哪里·钟斯"让卡耐基想到了许多演讲者，他们之所以不能表现得更出色，是因为他们像钟斯先生一样，想让自己的演讲包揽太多内容。结果在演讲时，讲着讲着，他们就成了"他现在在哪里"，不仅听众不知道他讲到了哪里，可能连他自己也不知道自己讲到哪里了。这是由演讲者的逻辑混乱所致。

如果你想让自己的演讲给听众留下井然有序、条理分明的印象，最简单的方法就是在演讲时明确地表示你有几个重点，现在你讲的是哪点，接下来你要讲哪点……说白了就是，你的演讲一定要有逻辑性。

逻辑就是构筑演讲的基本框架，几乎所有的题材都可以利用时间顺序、空间顺序或事物的逻辑顺序来进行演讲。比如空间顺序，可以以某个点作为立足点，然后由此往外拓展，或按照方位来处理。

逻辑可以简单地理解为"顺序"和"规律"，即先做什么后做什么。演讲表达时也是如此，具有一定的顺序和规律的演讲，才能让听众清晰、准确地理解要表达的主题和含义。

怎样才能让演讲更有逻辑性呢？

 按照时间顺序组织演讲。

时间顺序通常是按照过去、现在、未来或昨天、今天、明天这样的时间顺序来组织你的演讲，从而将不同的事物或故事联系起来，并赋予其清晰的逻辑。美国前总统林肯的《葛底斯堡演说》所运用的就是时间顺序："八十七年前……当前……（未来）……"，这样既能体现事物的发展规律，又能增强自己演讲的逻辑性。

李老师询问起苗苗演讲时的逻辑安排，她怎么回答更好呢？

A

不行啊苗苗，你这样讲，逻辑就太混乱了！

我就想按照自己的思路来讲，反正大家能听懂嘛！

B

嗯，思路很明确嘛，不错！

我要按照时间的先后顺序来组织材料，这样可以讲得更清晰。

我更喜欢 B 场景中苗苗的表现。

② **遵循"金字塔思维"。**

所谓"金字塔思维"，就是在演讲时先给出结论，也就是你的演讲主题或要表达的中心思想，然后再一条一条地去论述原因，如以"首先……

67

其次……最后"这样的逻辑来论述。这样的演讲逻辑就是先重要后次要、先总结后具体，有条有理、主次分明，并且结论与原因层层相连，互为补充。

倘若苗苗想让自己的演讲内容更有逻辑性，下面哪种做法更好呢？

3 用关键词为演讲加分。

一次成功的演讲，不管你讲的是什么主题，都一定要有关键词，因为关键词可以起到强化主题的作用。通常一篇演讲中最好能提炼出三个关键词，然后在主体内容中，分别将三个关键词依次展开讲解，最后总结升华。

如果苗苗想用这种方法演讲的话，她应该怎么做呢？

2. 清晰地亮明你的观点

我是达达，昨天因为演讲的事，我跟同桌李然吵起来了。班里要举行一次演讲活动，我和李然是一组，我们一起讨论演讲稿的内容。但李然觉得我写的演讲稿观点不明确，他还说我写跑题了，说了半天不知所云。其实我觉得我写的演讲稿也没那么差啊，他怎么能那样说我呢？

有一次，卡耐基在芝加哥的康拉德希尔顿饭店听学员们的汇报演讲。其中，有一位演讲者在开篇时是这样讲的：

"自由、平等、博爱，这些是人类字典中最伟大的思想。如果没有自由，生命就毫无存活的价值。我们可以设想一下，如果我们的行动处处受限，那将会是一种怎样的生存状态？"

紧接着，他又讲了一段自己的经历，原来他曾是法国的一名地下工作者，在纳粹的残酷统治之下，他遭受了难以想象的屈辱。在接下来的演讲中，他用形象生动的语言讲述了自己是怎样逃过秘密警察的追捕来到美国的。

最后，他说："现在，我走过密西根大街来到这家饭店，可以随意地自由来去。哪怕我经过警察身边，也毫不在意。我走进饭店后，出示了我的身份证。而当会议结束后，我又可以按照自己的意愿去芝加哥的任何地方，因为我是自由的。所以，请相信，自由是值得奋斗的！"

他的演讲话音刚落，全场便报以热烈而持久的掌声。

任何一篇演讲，都必须具备明确而鲜明的观点。演讲就像是有目标的航海，需要依计划而行。而"目标"就是你的观点，你的一切活动计划，都要围绕这个"目标"进行。

亮出自己观点的方式很多，比如可以以提问的方式亮出观点，也可以用其他事物烘托出观点，还可以开门见山地表达出观点。但是，不管你准备用哪种方式表达自己的观点，你的观点都必须清晰明确，不能模棱两可、表述不清，否则你接下来的长篇大论就毫无意义。

一般来说，开门见山、直抒胸臆地亮出观点的方式比较常用，它无须太多铺垫，只要用精辟的语言直接表达出来，后面再通过分析、推理来展开论述，就能给听众留下深刻的印象。

怎样才能清晰地阐述观点？

1 陈述观点时要简明扼要。

当你要亮明自己的观点时，一定要简明扼要地告诉听众，你的观点或主张是什么。并且要注意，你提出观点后，在摆事实、讲道理的论证过程中，还要多次强调自己的观点，并在最后进行重点总结。否则，听众听到最后可能就忘记你的观点或主张了，因而对你的演讲内容印象也不够深刻。

李然说达达的演讲稿观点不明确时，达达该怎么回复？

2 利用正反对比强化观点。

如果想强化你的观点，除了直接阐述外，还可以用反例来进行对比论证，通过对正反两种观点的分析、论述，最后否定错误的观点，以突出你的观点的正确性。

达达想做到这一点，他应该怎么做呢？

③ 抽象的观点要进行形象化描述。

在演讲过程中，如果你的演讲中有一些抽象的内容，听众听起来可能觉得云里雾里的。所以你最好将抽象的东西进行形象化描述，让大家更准确地理解你的观点。比如"多加练习""努力付出"这些，我们就可以用"每天练习 8 次""每天练习 4 小时"等具体形象的语言来描述，使听众一下子就能明白你的意思。

达达如果想用这种方法提升演讲稿，他应该怎么做呢？

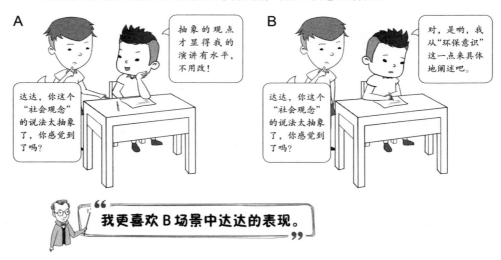

3. 话题转换要明了

我是苗苗。我很喜欢在演讲中提出多个话题，然后突然转换到下一个话题，我认为这样可以让演讲听起来更有吸引力。但经过几次尝试后，同学们说我在转换话题时显得很生硬，有一种为了转换而转换的感觉。我很想知道，怎么才能在演讲中比较自然地转换话题呢？

案例时间

卡耐基经常会在自己的培训课上讲一些爱因斯坦的故事，尤其是爱因斯坦演说时的故事。有一次，爱因斯坦发表了《要使科学造福人类，而不成为祸害》的演说。在开头处，爱因斯坦是这样讲的：

"看到你们这一支以应用科学作为自己专业的青年人的兴旺队伍，我感到十分高兴。我可以唱一首赞美诗，来颂扬应用科学已经取得的进步，并且无疑地，在你们自己的一生中，你们将把它更加推向前进。我所以能讲这样一些话，那是因为我们生活在应用科学的时代和应用科学的家乡。"

就在大家以为爱因斯坦会继续沿着这个思路往下进行他的演讲时，没想到爱因斯坦转换了话题：

"但是，我不想这样来谈。我倒想起了一个娶了不称心的妻子的小伙子，当人家问他是否感到幸福时，他回答说：'如果要我说真心话，那我就不得不扯谎了。'我的情况也正是这样。试想，一个不很开化的印第安人，他的经验是否不如通常的文明人那样丰富？我想并不如此。一切文明国家的儿童都那么喜欢扮'印第安人'玩，这是值得深思的。"

卡耐基如是说

话题转换是从原有话题到新话题的一种过渡，既是口语表达的技巧，又是演讲时常用的一种方法。尤其在遇到一些临场发挥的情况时，就需要适时而巧妙地转换话题，以促进演讲的继续进行。这种演讲方式一开始听众听起来似乎是在平铺直叙，但突然来了个180度大转弯，转而去说另一个话题，这不但能迅速挽回听众的注意力，还能为演讲增色不少。但是，由于转换话题带有即时性的特征，是一瞬间产生的一种思维反应，所以为避免太唐突，就需要你在转换话题时带有一定的逻辑性，一定要巧妙、自然。

怎样在演讲时巧妙地转换话题呢？

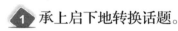 承上启下地转换话题。

在转换话题时，不能为了转换而转换，一定要让转换听起来自然、随意，却又毫无违和感。要遵循这个标准，就要使两个话题之间形成一种衔接关系，用承上启下"话赶话"的方式转换，这样就会让整篇内容显得紧凑、自然，同时也具有直触主题、简洁明了的特点。

苗苗以"自然灾害"为主题演讲时，在从自然灾害的危害向火山喷发转换时，她怎么转换才显得自然合理呢？

2 **以举例的方式转换话题。**

这种转换话题的方式用起来一般最为得心应手，在演讲过程中，你可以随时以自己身边的人、事、物来作为演讲话题转换的契机。当然，在转换时需要注意，你转换的话题必须与你的演讲主题有关，不能东拉西扯，偏离了演讲主题，那样的话题转换就等于画蛇添足了。

苗苗要以"自然灾害"为主题进行演讲，她要将主题从火山喷发转换到泥石流灾害，怎么做更好呢？

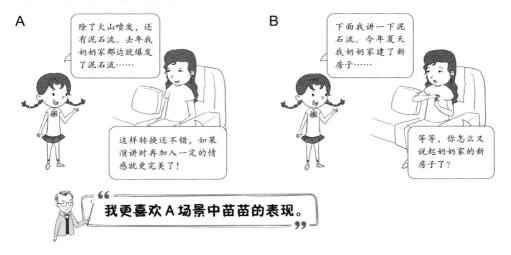

3 **以回顾往事的方式转换话题。**

以自己的过去或者听众比较熟悉的人或事来转换话题，容易与听众产生亲近感，缩短与听众的心理或情感距离。同时，由于这种转换问题的方式轻松、自然，听众也更容易接受并认同。

苗苗在以"自然灾害"为主题的演讲稿中，先讲了火山喷发，接下来想讲泥石流，她若想在演讲中以上述方式转换话题，怎么做更合适呢？

A

你先讲火山喷发，现在想讲泥石流，但为什么又写跟朋友玩泥巴呢？

我觉得这样挺好的，说明我思维活跃！

B

你是想讲泥石流吗？可现在写跟朋友玩泥巴，转换太不自然了……

那中间我再加点过渡内容，然后带出小时候的故事，会不会好些？

 我更喜欢 B 场景中苗苗的表现。

4. 演讲有条理，巧用"一二三"

"我"的困惑

我是阿楠。现在是课间，我正跟媛媛讨论一篇演讲稿。媛媛认为演讲时应该遵循"一……二……三"这样的顺序才更有逻辑性，可我不这么认为，我认为就应该自由发挥，不必拘泥于条条框框！后来我们一起去问王老师，王老师居然支持媛媛的观点，真不可思议！我觉得我的观点更有道理，你们觉得呢？

案例时间

卡耐基在 1930 年时曾与同事们讨论过一个问题，当时卡耐基的课程在全国各地开始受到欢迎，由于班里人数众多，他们就对学生的演讲采取了时长不超过两分钟的限制。但后来为了迎合快节奏的生活模式，他们需要重新研究出一种演讲方法，使听众能够快速地从两分钟的演讲中获得自己想要听的内容。

后来，卡耐基和他的同事们研究出了一个演讲结构的"魔术公式"。演讲者只需遵循这个"公式"，就可以让演讲更加有条理，从而快速获得听众的注意，帮助听众将自己关注的焦点对准在演讲者要讲的重点上。

这个公式就是：第一，开始讲，描述实例的细节，生动说明演讲者希望传达给听众的理念；第二，详细、清晰地说出自己的观点；第三，陈述缘由，强调听众如果按照演讲者说的去做，会获得什么好处。

这个公式可以避免演讲者将时间浪费在冗长、闲散的内容上，而以直接且非常有条理性的语言来表达自己的观点和期望，使演讲听起来既简练又充满逻辑性。

卡耐基如是说

"魔术公式"其实就是演讲条理性的一个体现，它可以让我们的演讲结构更加清晰、逻辑更加严谨，从而使整篇演讲主次分明、重点突出。在表达过程中，你还要善于运用数字来表达你的观点，比如第一、第二、第三……这样会让你所要表达的内容更加一目了然，给听众留下非常具体的条理性。这样的演讲，你讲起来不会乱，听众听起来也不会乱。有时即使你的演讲内容可能并不具备层次感，但加上数字后，效果也会好很多。

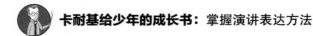

怎样才能让自己的演讲更有条理性呢?

1 学会分类表述。

在演讲时，学会按照事物、事件和内容的所属性质进行分类，可以让你的讲话非常具有条理性，比如以"首先……其次……最后""第一……第二……第三"这样的类别来讲，既能清楚地表达自己的观点，又显得很有逻辑性，让听众一下就能抓住重点。

媛媛演讲遵循"一……二……三"顺序的提议很好，据此阿楠该怎么完善自己的演讲稿呢?

2 运用"三点论"来演讲。

"三点论"是快速将一些资料和观点整理出一套逻辑的演讲技巧，可以让文字表述更加清晰、更有条理。而且运用"三点论"，还能让我们边想边讲、边讲边想，有助于组织语言，避免思维混乱的情况发生。

"三点论"的应用方式很多，如表示时间的"三点"："过去、现在、未来"；表示地点的三点："家中、路上、学校"；表示人物的"三点"："自己、对方、别人"。

对于阿楠来说，该怎样用"三点论"来让演讲更有条理呢？

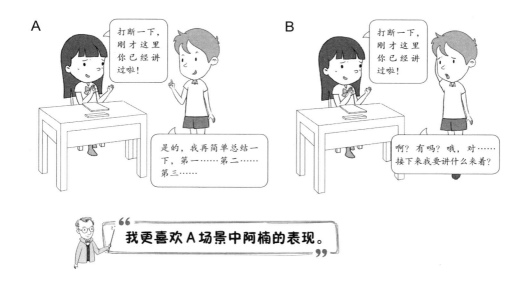

A

打断一下，刚才这里你已经讲过啦！

是的，我再简单总结一下，第一……第二……第三……

B

打断一下，刚才这里你已经讲过啦！

啊？有吗？哦，对……接下来我要讲什么来着？

我更喜欢 A 场景中阿楠的表现。

3 随时向听众提示演讲要点。

如果你想在演讲时给听众留下井然有序、条理分明的印象，就要在演讲过程中明确地提示：你的演讲有几个重点，现在你讲的是哪一点，接下来你又要讲哪一点。比如，当你讲到某一点时，可以这样坦白地说"我的第一点是……"。讲完第一点，再坦诚地提示第二点"我的第二点是……"这样直到演讲结束。

媛媛如何运用这一方法提升演讲效果呢？

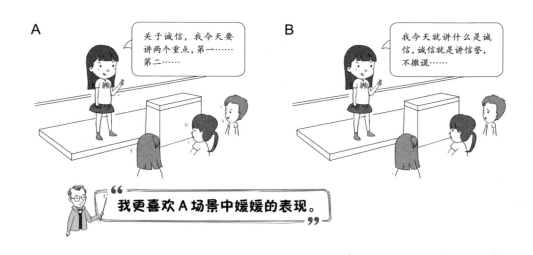

5. 说话说到点子上，拒绝形式主义

我是达达，跟同学聊天时，他们经常说我说话说不到点子上，还很啰唆，我自己并没意识到。下周就是学校周年庆了，老师让我们每个人准备一篇演讲稿，同学们劝我不要在演讲时出现这样的问题。这个问题很重要吗？

卡耐基曾遇到过这样一件事：有一位国会议员，要在国会上进行一次演讲。但在演讲中途，他就被听众的叫喊声和嘘声赶下了舞台，原因何在？

因为这位议员本来应该给听众讲点消遣娱乐的内容，结果他却大讲特讲起国家形势的发展。当时正值战争爆发，于是，议员就讲起了美国是如何备战的。出于礼貌，听众耐着性子听了下去，但十几分钟过去了，议员还在讲这个问题，听众就有点难以忍受了，他们希望演讲马上结束。但这位议员却不慌不忙，絮絮叨叨，仍然往下讲。终于，听众们再也忍不下去了，一些人开始喝倒彩，另一些人也马上附和起来。很快，成百上千人都开始叫喊和吹口哨。

这让演讲者感到有些尴尬和烦躁，可他仍然在往下讲。这无异于火上浇油，听众们的心中燃起了怒火，他们的抗议声越来越大，最后汇成了一股怒涛，吞并了演讲者的发言，使他自己都听不清自己说什么了。最终，这位演讲者在羞辱声中接受了自己的失败，黯然退下台去。

卡耐基如是说

表达清楚是说话的前提，说到重点更是说话的基本要求。对于一场演讲来说，精准地表达你的思想和意图是非常重要的。为什么一些成功的演讲家可以带动起听众的情绪，甚至演讲词都被广为传诵，而有些演讲者的演讲却令人昏昏欲睡、不知所云？

其最根本的一点就在于，成功的演讲家能够明确自己演讲的目标，并且知道如何实现它。相反，那些啰里啰唆，说了半天也说不到点子上的演讲，任谁听了都一头雾水，因为不理解你到底在讲什么，或者根本琢磨不出你的真实用意，所以你提出的想法和要求自然也不会被人重视和接受。

你可以这样做

怎样在演讲时把话说在点上，不出现形式主义呢？

1 说话要有高度概括性。

演讲的目的，通常是为了介绍情况、交流思想、陈述观点或发表见解，最终的目的是为了让对方能够很快理解你的演讲意图，领会你的演讲要领。这就要求你在演讲时要使用具有高度概括性、十分凝练而准确的语言，提纲挈领地将你的观点传达出来，这样才能收到良好的演讲效果。

达达想准备一篇出色的演讲稿，同学们给出了一些建议，他怎么回应更好呢？

A

达达，你要讲的要点到底是什么？我怎么没听出来呢？

那是你理解力太差了！

B

达达，如果你能在演讲中多突出要点，我认为就更完美了！

谢谢你们的建议，我会努力让我的表达更准确、凝练些。

我更喜欢 B 场景中达达的表现。

2 避免辞藻过于华丽，忽略了主题。

演讲时尽量不要为了形式而追求华丽的辞藻，更不要学着大人的样子用一些连自己都不太理解的专业性术语，而要用浅显易懂的词汇，并在一些大家可能不太容易理解的地方给以详细的解释说明。否则，就算你讲得天花乱坠，满嘴生香，听众可能也会听得一塌糊涂。

在这一点上，达达同学应该怎样注意自己的问题呢？

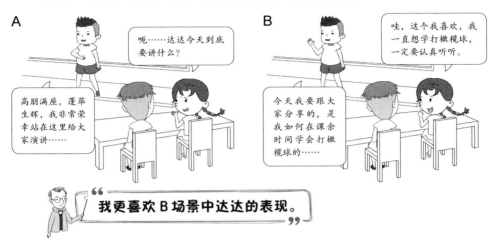

我更喜欢 B 场景中达达的表现。

3 语言要具体、翔实、精确。

一篇逻辑性强、思路清晰的演讲，语言应具体、简练，表达应翔实而精确，不需要用空泛、缺乏生动性的话语和例子来滥竽充数，最好能一开口就抓住问题的核心，一针见血地把焦点集中到你的主题上。要做到这一点，平时就需多练习用准确的语言来表达，同时还要对自己的演讲稿进行多次修改，直到找到最能表达你的思想的准确语言。

达达如果不想再被人说自己啰唆、爱跑题，他该做哪些改变呢？

我更喜欢 A 场景中达达的表现。

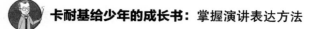

经典演说：白岩松——《我的故事以及背后的中国梦》（节选）

导读

2009 年 3 月，中央电视台主持人白岩松与央视摄制组赴美国拍摄专题片《岩松看美国》。在耶鲁大学，白岩松向耶鲁师生发表了这篇著名的演讲。

在这篇演讲中，白岩松从自己出生的 1968 年讲起，讲述了 1968 年、1978 年、1988 年、1998 年、2008 年五个年份的故事，从中可以看出清晰的时间逻辑。在演讲中，分论点之间的时间逻辑也都是按照时间发生的先后顺序排列的，既符合事物的发展规律，又便于听众理解和记忆。

正文

过去的二十年，中国一直在跟美国的三任总统打交道，但是今天到了耶鲁我才知道，其实他只是在跟一所学校打交道……

我要讲五个年份。

第一要讲的年份是 1968 年。那一年我出生了，但那一年世界非常乱……美国的肯尼迪遇刺了，当然原因都与我无关。那一年我们更应该记住的是马丁·路德·金先生遇刺，虽然那一年他倒下了，但是"我有一个梦想"这句话却真正地站了起来，不仅在美国站起来，而且在全世界站起来……很显然，我的出生非常不是时候，无论对于当时的中国还是对于世界，似乎都有些问题。

1978 年，10 年之后，我 10 岁。我依然生活在我出生的地方，那个只有 20 万人的非常非常小的城市。它离北京的距离有 2000 千米，想了解北京出的报纸的话，要在三天之后才能看见，所以对于我们来说，是不存在新闻这个说法的……

1988 年，那一年我 20 岁。这个时候我已经从边疆的小城市来到了北京，成为一个大学生……我知道那一年对于耶鲁大学来说格外重要，因为你们耶鲁的校友又有一个成为美国的总统……

1998 年，那一年我 30 岁。我已经成为中央电视台的一个新闻节目主持人。更重要的是，我已经成为一个 1 岁孩子的父亲……那一年在中美之间发生了一个非常重要的事件，主角就是克林顿……

2008 年，我 40 岁。很多年大家不再谈论的"我有一个梦想"这句话，在这一年我听到太多的美国人在讲……

…………

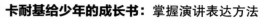
第五章 身体"演"到位，声音"讲"到位

1. 用协调的肢体语言辅助演讲

我是小智。唉，这两天好烦啊！昨天升旗时，老师要我到前面讲话，可我讲完下来后，老师却说我站在台上一点肢体语言都没有，还弓着背，显得又木讷又没精神，哪里像个朝气蓬勃的小学生啊！可既然是讲话，那讲"话"就好了，干吗要有肢体语言呢？何况肢体语言用不好的话，不是更出丑吗？

一个优秀的演讲者，首先要有良好的"台风"，不论是上台还是下台，不论是动还是静，都要有演讲者该有的体态和风度。曾经与林肯一起执行过法律业务并替他撰写传记的贺恩登曾说：

"林肯用手势的次数，通常都没有他用脑袋做姿势的次数多，他经常会使劲地甩动头部。当他想要强调自己的观点时，这种动作尤其明显。有时这个动作会猛然顿住，就像火花飞溅到易燃物上一样。他从来不像别的演讲者那样猛挥手势，似乎要把一切都切成碎片……有时为了表示喜悦与欢乐，他还会高举双手，大约呈50度的角度，手掌向上，仿佛渴望拥抱那种精神。如果他要表现厌恶，他就会高举双臂，握紧双拳，在空中挥舞，表现出真正崇高的憎恶感。这也是他最有效的手势之一，体现出了一种非常生动的坚定决心，好像他要把自己痛恨的东西拉下来，丢在灰烬里……他从不狂喊乱叫，也不会在讲台上来回走动。为了让自己的双臂能轻松一些，有时他会用左手抓住外衣的衣领，拇指向上，右手则自由地做出各种手势。"

著名雕塑家圣高登斯根据林肯演讲时的经典的肢体语言，为林肯雕塑了一座雕像，现在就立在芝加哥的林肯公园里。

在演讲中，你的非语言信息所传达出来的信息要比语言本身更富有内涵。想象一下，当你站在舞台上，像个哨兵一样笔直地站着演讲两小时，听众会有什么样的感受？当你站上舞台，手舞足蹈两小时，听众会有什么样的反应呢？

一场演说，不是仅仅会背讲稿，讲你该讲的内容，还需要有得体的肢体语言来配合和辅助演讲。千万不要小看了肢体语言的重要性，你要演讲的内容再丰富、优美，如果没有协调的肢体语言来呈现，效果也会大打折扣。相反，如果你的演讲内容差强人意，但肢体语言演绎得很充分，让台下的听众感同身受，同样能吸引听众的注意力，最终收获掌声。

怎样在演讲时运用肢体语言辅助演讲呢？

1 保持从容的体态。

体态是指演讲者从上台到站在台上演讲再到下台的整个身体姿态。站立时，头要正，肩要平，身要直，两眼平视前方，嘴巴微闭，表情自然，略带微笑，双手自然垂于身体两侧，或轻轻按在讲桌上。刚上台时不要忙着开口说话，先用几秒钟以微笑的面容面对听众，并用亲切的目光扫视全场，然后再准备开讲。

小智在以后的升旗仪式或其他演讲活动中，该怎样调整自己的体态呢？

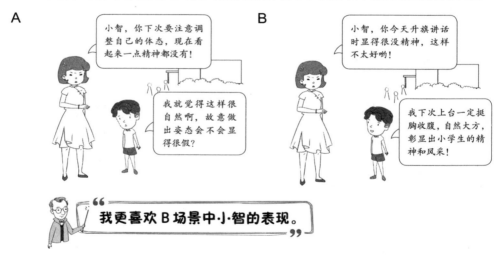

2 运用恰当的手势。

在演讲中运用恰当的手势，可以让听众对演讲者更有信心。但要注意，不要重复使用同一种手势，那样会让人产生枯燥的感觉；也不要用肘部做短促而急迫的动作，但由肩部发出的动作在讲台上看起来要好得多。此外，手势不要结束太快，如果你用食指强调你的想法，一定要在整句话都维持这个手势。

对小智来说，他如果想通过手势为自己的演讲增色，该怎样运用呢？

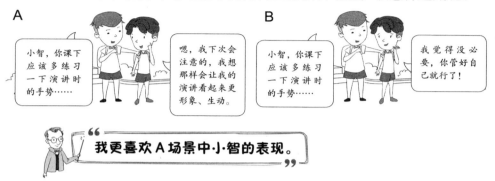

3 演讲中要避免的一些肢体语言。

演讲时的肢体语言贵在自然、协调，同时动作要尽量精简，并根据演讲的内容随时调整和变化，否则会显得做作、死板。此外，拍桌子、拍手掌、摸鼻子、摸头发、双手叉腰或插入口袋、背着手、双手交叉在胸前、用手摆弄衣角纽扣等，都要尽量避免，不要让这些动作使你的演讲减分。

下次小智在公共场合讲话时，他怎么做更合适呢？

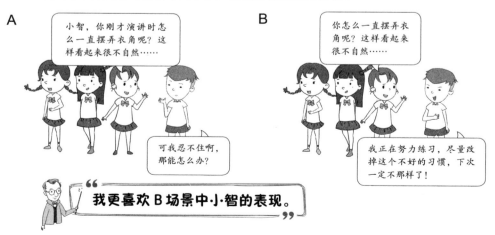

2. 如何用眼神和听众"对话"

我是李然。今天我们班为庆祝马上到来的国庆节举行了一次演讲预选，被选中的同学会参加一个月后的全校演讲赛。我讲完下来后，我的同桌达达竟然问我是不是昨晚没睡好。原来他发现我在整个演讲过程中，眼睛不是在看地面，就是在看演讲稿，跟台下的同学完全没对视。其实我是担心跟同学对视，我一紧张再忘词了，这不是有点本末倒置了吗？

作为一名政治领袖，列宁的演讲非常有震撼力。高尔基在回忆列宁的演讲时曾写道："他的演说和谐、完整、明快、强劲，他站在讲台上的整个形象就像是一件古典艺术品：什么都有，然而却没有丝毫多余，没有任何装饰。"

更重要的是，列宁非常懂得利用眼神与台下的听众交流，"在他脸上，一双锐利的眼睛一直在闪闪发光，表现出一个英勇的战士对谎言的反对和对生活的忠诚，他那双眯缝着的眼睛似乎在燃烧，使着眼色，讽刺地微笑着，闪烁着愤怒，他的目光使他的演讲更加热烈、更加清晰，有时好像有一种不可战胜的力量从他的眼睛里喷射出来……"。

很多政治领袖都十分善于利用眼神来与听众"对话"，美国第四十任总统里根出身演员，拥有高超的表演技巧，每次演讲他都会充分地运用目光语。有时就像聚光灯，把目光聚集到全场的某一点上；有时则像探照灯，目光扫遍全场。因此，有人评价他的目光语是一场"征服一切的戏"。

演讲不光要用嘴，还要用眼，通过目光交流，演讲者可以将自己与听众牢牢地联系在一起，这不但能保证你更好地传递"语言的力量"，还有助于打造真诚可信的形象，给听众留下良好的印象。

在演讲过程中，你的目光大部分时间都要放在台下的观众当中，千万不要一直盯着天花板或地面，而应与台下的观众用眼神交流。尤其是那些认真听你演讲的观众，别忽略了对他们的关注。但你的目光也不要移动得太快，否则会显得你很轻浮，还容易导致你忘词。

怎样在演讲时运用眼神与听众交流呢？

1 将听众分为四个象限。

如果你面对的听众较多，比如在一些较大型的演讲中，你可以先在脑海中将台下的听众分成 4 个象限，然后选定一个象限，并从该象限的一大群观众中选中一人注视，那么他周围的 10 个人从远处看你，都会觉得你是在看他们。找到这个目标观众后，你的目光就不要再漫无目的地移动了，而应集中在这个目标观众身上。等到讲话出现短暂停顿时，你再将目光慢慢移动到下一个象限，再去选择下一个目标观众。如此重复该步骤。

李然正在参加一场大型的演讲活动，他怎样做才能与听众形成良好的目光交流呢？

2 像蜜蜂采蜜般注视听众。

蜜蜂在采蜜时，通常会先选一朵花，在这朵花上采蜜，采完花蜜后再飞到下一朵花上，并且不断重复这个过程。演讲时，你也可以学学蜜蜂，以听众席的中间部分为中心线，将视线平直向前，再进行弧线移动，以照顾两边的听众，最后将视线落到最后面的听众身上。这会令所有听众感觉到你注意到他了，因此他们也会对你的演讲更感兴趣。

李然在演讲时，应该怎样与下面的听众进行目光交流呢？

3 **用目光引导听众的注意力。**

在演讲过程中，如果你需要向听众展示图片或幻灯片等，要学会用目光引导听众的注意力，你看向哪里，就将听众的目光引向哪里。你可以先转过身，让自己的目光先转向图片或幻灯片，然后用手势将听众的目光引向图片或幻灯片，同时配合演讲继续进行。看完后，你还要重新回到讲桌前，再次看向听众，将听众的注意力拉回到你的身上来。

如果李然想要向台下的听众展示几张幻灯片，他该怎么与听众进行目光交流呢？

A

我先来给大家操作幻灯片吧……

B

大家请看这里，这有一组幻灯片，我给大家介绍一下……

" 我更喜欢 B 场景中李然的表现。"

3. 你的表情可以感染听众

"我"的困惑

我是悦悦。在刚刚结束的校园演讲活动中，我和同班的媛媛都参加了，虽然现在还没出来排名，但王老师和同学们都觉得媛媛比我发挥得好，因为她演讲时表情很丰富，而我却是"面无表情"的，大家说完全看不出我演讲中的情感。演讲不就是"讲"出来吗？干吗非要有表情呢？

　　卡耐基曾为《美国》杂志撰写过一篇某位银行家的励志故事，他先请这位银行家的一位朋友来讲讲银行家成功的原因，银行家的朋友说，这位银行家成功的最大原因，就在于他那迷人的微笑。

　　最初一听，卡耐基不免觉得夸张了一点，但他却相信这是真的。比这位银行家拥有更丰富的经验、更有敏锐的财经判断的人很多，但银行家却拥有那些人所没有的额外资产——随和的个性，他那温暖的、受人欢迎的微笑，就是其中最大的特色。他几乎可以瞬间赢得别人的信心，获得别人的好感，从而让身旁的人都非常愿意支持他。

　　奥弗斯特里教授在《有影响力的人类行为》一书中指出："喜欢产生喜欢。如果我们对我们的听众有兴趣，听众就会对我们产生兴趣。如果我们不喜欢台下的观众，他们不管在外表或内心，也会对我们表示厌恶。如果我们的表情胆怯而慌乱，他们就会对我们缺乏信心。如果我们显得很无赖、爱吹牛皮，听众们也会表现出自我保护的自大……因此，我有充分的理由相信，我们必须先调整出能引起听众热烈反应的良好态度。"

　　在我看来，表情是拉近你和对方距离最简单有效的方法，愉快的面部表情会让你看起来真诚而友好。演讲原本就是一种语言交流，从你上台开始，听众除了会分析你的肢体语言，还会分析你的表情，因为你的表情代表着你的态度、情绪和感受。在台上，你不能照镜子，并不知道自己脸上的表情变化，但台下的听众时刻注视你，你脸上的任何细微表情都可能被他们捕捉到并据此来推测你此刻内心的真实想法和感受。所以，你演讲时的表情与你的演讲效果息息相关。在听众面前展露的笑容，可以给人一种热情、亲和的信号。所以当你面带微笑展露愉悦的表情演讲时，马上就能拉近与听众的距离。

你可以这样做

怎样在演讲时通过表情感染听众呢？

1 与听众保持视线接触。

在对你的演讲材料足够熟悉的基础上，你要尽可能频繁地与听众进行视线接触。直视他人的脸意味着坦率与兴趣，而目光游离或躲躲闪闪往往会被理解为不自信。而且，没有听众会愿意在整场演讲中都看着演讲者的头顶或下巴，他们更愿意看到你的脸和眼睛。如果你总是低着头，或者眼睛总望向天花板，听众的注意力也很难集中到你身上。

悦悦想在以后的演讲中改善自己的表情，她该做哪些改进呢？

A

我一看您就紧张，还是看地面吧！

悦悦，你在演讲时应该尽量看着我，不能老看地面啊！

B

好的妈妈，那我们再试一次，这次我尽量把目光放在您身上！

悦悦，你在演讲时应该尽量看着我，不能老看地面啊！

" 我更喜欢 B 场景中悦悦的表现。 "

2 用真诚的微笑感染听众。

没有什么比发自内心的微笑更能感染听众了，微笑所传递出的是一种热情、亲和的信号。在演讲过程中，除非你的演讲内容是沉痛、悲伤的，否则，在演讲前，你最好想一想那些能让你面露微笑的事，然后展现令人心情愉悦的微笑。带着这样的微笑走上台，往往瞬间就能拉近你与听众的距离。

悦悦如果想拉近与听众的距离，她怎么做更好呢？

A　我一定努力！现在我先让自己的脸部放松一下。

在演讲时面向观众保持微笑，能让观众感受到我们的自信……

B　有什么好笑的啊？我笑不出来！

在演讲时面向观众保持微笑，能让观众感受到我们的自信……

我更喜欢 A 场景中悦悦的表现。

3 台下多进行表情练习。

为了让演讲时的表情更自然、得体，在演讲前我们可以对着镜子多练习几次，找出最能让自己面部肌肉放松的表情。因为只有脸上肌肉放松了，在面对听众演讲时表情才不会显得僵硬、做作。你也可以给自己拍一段视频，然后观察自己说话时会出现哪些面部表情，如果多次出现舔嘴唇、咬嘴唇、不停眨眼等，要及时纠正，否则这些表情会降低听众对你的演讲的接受度。

悦悦想在台上表现得更自然、更出色，她该怎样管理自己的表情呢？

4. 穿戴得体也很重要

"我"的困惑

我是阿楠，性格活泼，平时穿着比较随意，尤其喜欢一些嘻哈风格的服装，有时打扮得很另类。学校马上要举行一次演讲比赛，王老师想选我代表我们班"出战"。除了让我准备好演讲内容，不能讲跑题外，王老师还向我提了一个硬性要求，就是演讲时必须穿正式一点的服装。既然是演讲，会讲不就行了吗？穿什么有那么重要吗？

案例时间

1960 年，尼克松和肯尼迪第一次通过电视论辩竞选美国总统。从当时的政治影响来说，尼克松成功的可能性要远远超过肯尼迪，可最终投票结果公布后，他却输了。

出现这个结果的很大一部分原因是两个人的衣着。当天，肯尼迪在外表上精心修饰了一番，打扮得衣冠楚楚，显得精神饱满、器宇轩昂；而尼克松恰恰相反，由于患病初愈，他的面容显得十分憔悴，偏偏尼克松当天选的西装穿在身上看起来又像是大了一号，再加上西装的颜色是灰色的，全身装扮令他整个人看起来都有些萎靡不振，完全没有昔日神采飞扬的个人魅力。

随后，两人展开了竞选演讲。有趣的是，大部分听广播的选民都认为尼克松会获胜，因为他们看不到演讲者的形象；而大部分看电视的选民则认为肯尼迪会获胜，很显然，他们通过电视看到了肯尼迪和尼克松不同的外在形象，因而最终将支持票投给了肯尼迪。

人也是视觉动物，听众也会不由自主地把演讲者的思想和观念同他们的外在装扮联系在一起，并且真的很难对一个穿得邋里邋遢或穿着奇装异服的演讲者产生信任与支持。

穿戴打扮其实也是你的演讲状态的一个展现，在你开口演讲之前，听众对你的第一印象就是你的外在。而你的穿戴打扮向听众传递的正是你的精神面貌、文化素养和审美，因此它也影响着听众对你的印象，以及对你接下来的演讲的接受程度。整洁、得体、大方的穿着，与那些或珠光宝气或邋里邋遢的装扮相比，更容易给听众留下好印象，从而为你的演讲加分。

演讲时怎样穿着才得体呢？

1 穿着要与年龄、身份协调。

在大多数演讲活动中，你的穿着打扮只要干净、整洁、大方、朴素，就已经达到了一个演讲者的服饰标准，也能够让听众或观众接受。但如果稍微严格或正式一些的演讲，服饰还要与你的年龄、性别、职业等相协调。假如你是个在校学生，那就不宜在演讲时打扮得过于成熟或珠光宝气，更不宜穿着奇异暴露的服装登台演讲，否则会直接影响演讲效果。

阿楠在为接下来的演讲准备服装时，怎么选更好呢？

2 穿着要与演讲主题协调。

根据演讲主题的不同，你需要选择不同的服装。比如，深色服装会给人庄重、深沉之感，而浅色服装则会让人感觉轻松自然。如果你的演讲主题比较严肃、郑重或者要表达愤怒、哀痛的感情时，就要选择深色服装，如灰色、黑色；如果你的演讲主题轻松明快，就选择浅色服装，如黄色、白色。

阿楠当天的演讲主题是有关"多彩青春"的内容，他该选择什么样的打扮呢？

3 避免不适合演讲场合的穿戴。

不论你参与哪种类型的演讲，演讲都属于一种比较正式的活动，所以不要穿得过于随便，如穿短裤、背心、超短裙上台演讲，也不要穿太厚重的衣服，或者戴着围巾演讲，那样会给人一种压抑的感觉，凉鞋、拖鞋也不适合在演讲场合穿，更不要斜挎包或手提着包站在台上演讲。这些都会给听众一种不重视、很随意的感觉。作为演讲者的你都不重视这次演讲，那听众又怎么能重视呢？

阿楠需要重视自己此次演讲的穿戴打扮，那么下面两种做法哪种更好呢？

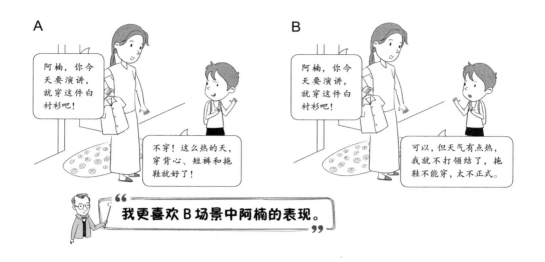

5. 声音要有力，语速有变化

"我"的困惑

我是苗苗。今天被李老师批评了，我心里很不爽！原因是我们学校下周有个"联谊演讲赛"活动，每个班出一个演讲小组，跟其他班级进行比赛。我就在我们班的演讲小组中。今天开始试讲，可我试讲完后，李老师就说我的声音太小了，语速也太快，感觉好像根本不给人喘气时间一样，这样去比赛怎么能赢！但我感觉也没那么差啊！

案例时间

华特·史蒂文斯在其由密苏里历史学会出版的《记者眼中的林肯》一

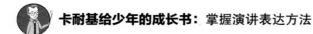

书中告诉我们，改变语速是林肯表情达意最钟爱的方法之一。他在书中写道："对于非关键词语，林肯会一带而过；但到了关键词语时，他就会放慢语速，中气十足——林肯在一两个重要词语上总要花费五六个非重要词语的时间。"

的确如此。林肯在演讲过程中还经常会做一些停顿，比如当他讲到一个重要观点，并希望给听众留下深刻印象时，他就会身体前倾，双目直视众人，一言不发。但这突如其来的沉默反而如同突然爆发的声音一样，吸引了大家的注意力，使每个人屏息静气，认真地听林肯下面要讲什么。例如，当他知道道格拉斯的著名辩论趋于尾声，而所有的迹象都表明对他不利时，他显得有些沮丧，他的演讲也带有了一种悲壮的力量。在一次总结语中，林肯突然停下来，沉默地环顾四周，打量了一遍台下的听众，疲惫的眼睛里似乎满含泪水；接着，他双手摊开，好像已厌倦了这场辩论，然后缓缓说道："我的朋友们，无论是道格拉斯还是我当选美利坚合众国的参议员，这都并不重要，但是，今天，我们在这里提出的伟大方案将会超越任何个人的利益，也绝不是个人的政治财富。"

"这些朴素的话，加之以前那样的表达方式，深深地触动了听者的灵魂。"林肯的一位传记作者如是评论道。

在我看来，以声音为媒介手段的演讲，对语音的要求很高，你既要准确地表达出丰富的情感，又要悦耳爽心。因为在这个过程中，你可以没有动作，也可以没有图像的辅助，但绝对不能没有声音。可以说，声音是演讲表达当中最基本也是最重要的构成。你在演讲时声音表现得好坏，会在很大程度上决定你的演讲是否成功。

与声音息息相关的还有你的语速，根据要演讲的内容控制好你的语速，可以让你的情感随着演讲内容表达出来。实际上，语速的改变和调整也是突出我们演讲语意的方法之一。

你可以这样做

怎样在演讲时运用声音、语速、停顿来表达情感和重点呢？

1 声音要洪亮而清晰。

演讲时，声音洪亮可以给人一种自信满满的感觉，从而也更容易让听众接受你的观点。同时，还要做到吐字清晰，要想象声音是从丹田发出的，腹肌要用力，这样才能让声音听起来更浑厚有力度。对于一些关键性的词语和句子还要用重音强调，以提醒人们注意。

苗苗试讲时，该怎么注意自己的声音呢？

2 恰当地改变语速。

语速的改变是突出我们演讲语意的最佳方法之一，语速过快是会减分的。演讲是一次性的，听众没听清或没听到，就等于完全错过了，最终会导致听众对你的演讲失去兴趣。所以在上台前应多练习，找出最适合自己的语速。对于一些非关键性词语，可以一带而过；而到了关键性词语或句子，可适当减缓语速，以突显这些词语或句子的重要性。

苗苗在演讲时要怎样控制自己的语速呢？

3 在重要地方的前后稍事停顿。

在演讲中，无论是重点内容之前还是之后，都要稍事停顿，这样其实是间接提醒听众，你将要讲的或刚刚讲的是重点内容，引起听众注意。

如果你担心停顿不够自然，可以事先将你认为需要停顿的地方标注出来，然后按照你所标注的停顿试讲几遍，直到你感觉效果最佳为止。当然，在哪个地方停顿并没有严格的要求，只要你认为能表达你的思想和感情即可。

对苗苗来说，如果她平时说话语速过快，停顿较少，让人难以听出重点在哪里，在演讲时她应该注意什么呢？

经典演说：林肯——《葛底斯堡演说》

导读

1863 年葛底斯堡战役爆发，这场战役是美国南北战争中最为残酷的一战，双方损失惨重。为了哀悼在战役中阵亡的将士，林肯发表了这篇著名的演说。

这篇演说用时不到 3 分钟，而掌声却持续了 10 多分钟。在演说中，林肯不但运用了大量的身体语言，还让自己的声音、表情完美地与演说词相互配合，最终成就了这篇名垂青史的演说。

正文

87 年前，我们的先辈在这片土地上创建了一个新的国家。她孕育于自由之中，奉行"一切人生而平等"的信条。

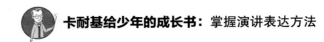

但如今，我们正在进行一场伟大的内战，它也许是为了考验这个国家，或者任何一个孕育于自由和奉行一切人生而平等信条的国家是否可以长久存在下去。我们在这场战争中的一个伟大战场上集会，烈士们为使这个国家能够生存下去而抛头颅、洒热血。我们来到这里，是要把这个战场的一部分奉献给他们作为最后的安息之地。这是我们应该做的，也是非常恰当的。

然而，从更广泛的意义上来说，不是我们奉献、圣化或神化了这块土地，而是那些活着的或者已经死去的曾经在这里战斗过的英雄们，让这块土地成了神圣之土。世人不会在意，也不会记住我们在这里说过什么，但他们永远铭记那些英雄的行为。这更要求我们这些活着的人去继续那些英雄为之战斗的未竟事业。我们应该在这里把自己奉献给留在我们面前的伟大任务：从这些光荣的死者身上汲取更多的献身精神，完成他们终身为之献身的事业；我们要在这里痛下决心，不让这些死者白白牺牲；要让这个国家在上帝的保佑下获得新生；要使这个民有、民治、民享的政府永世长存。

第六章 让听众参与到演讲中来

1. 多说 "你" 和 "你们"

"我" 的困惑

我是悦悦，以前上台演讲，我都是将自己要说的内容提前准备好，到了台上就像完成作业一样，我讲我的，大家在台下各忙各的，讲完后听众给点稀稀拉拉的掌声。我知道，双方都像是在完成一项任务。可现在我想让大家积极主动地被我的演讲吸引，认真地听，我该怎么做呢？

案例时间

在卡耐基纽约的培训班里，有一位学员曾发表过一篇名为《硫酸》的演说，他巧妙运用了第二人称 "你"，下面引用几段：

"硫酸和我们日常生活的很多方面都有关系。如果没有硫酸，你的汽车将无法行驶，你只能像古时候那样骑马或驾驶马车，因为提炼煤油及汽油时都必须使用硫酸。不管是照亮你办公室的台灯、照亮你餐桌的吊灯，还是夜晚引导你上床的小灯……如果没有硫酸，它们就只能是摆设。

"你早上起床后，打开水龙头放水洗漱。你转动的是一种镍质水龙头，在其制造过程中，会用到硫酸；你的搪瓷缸在制造时要用到硫酸；你使用

107

的肥皂可能是油加上硫酸处理而制成的……还有，你的刮胡刀当初在经过锻造时，也要经过硫酸的处理。

"你下楼吃早餐，如果你使用的杯子与盘子不是纯白色的，那更是由于硫酸。因为硫酸一向被用来制造镀金及其他装饰性染料。如果你的汤匙、刀子、叉子是镀银的，它们一定在硫酸中浸过。硫酸就是这样同你每天生活的各个方面息息相关，到处都影响着你，让你无处可逃。"

 卡耐基如是说

在演讲过程中，有一个办法可以很好地吸引听众的注意力，就是使用第二人称"你"，这样可以让听众一直保持感同身受的状态。所以，演讲者如果想吸引听众的注意力，这点是不能忽视的。

《硫酸》这篇演说就巧妙地运用了第二人称"你"，是成功使用第二人称的一个范例，它使听众产生一种身临其境的感觉，因此一直保持极高的注意力。但你也要注意，有些场合使用第二人称并不合适，所以你在使用时要加以区分和注意。

 **你可以这样做**

我们应该怎么在演讲中充分利用第二人称呢？

1 喊出听众姓名，直接沟通。

在演讲中直接喊出听众中一些人的姓名，是一种非常有效的沟通方法。当你喊出对方的名字时，你会发现，那些人没有一个不是兴高采烈的。但也需要留意一点，如果要提及陌生人的姓名，就要想清楚你为什么提到这个名字，以及自己记得是否正确。

悦悦在演讲中如果想用这种方法的话，她该怎么样做呢？

2 多说"你"和"你们"，带听众融入演讲中。

经常在演讲中用第二人称的"你"和"你们"，可以大大地拉近你跟听众之间的距离，让听众感受到你是在跟他们讲话，而且你讲的内容会对他们有利。哪怕你的演讲内容跟其他人的演讲内容差不多，多用第二人称也更容易让观众融入你的演讲中。

假设悦悦想通过多说"你"来带动听众，她怎么说更好呢？

3 在有争议的语境用"我们"。

演讲中如果"你""你们"等第二人称使用不恰当，不但不能拉近你跟听众的距离，反而还可能造成彼此之间的心理鸿沟。因此在演讲中，特别是在一些正式的讨论中，如果需要谦虚地表述个人的新观点时，或者用"你"会引起误会时，就可以使用"我们"，听众会因你的谦虚而乐意接受你的观点。

悦悦如果在演讲中想表达个人观点，她该怎么跟听众沟通呢？

A 刚才几位同学讲得都很好，但让你们脱稿讲，你们还能讲这样好吗？

B 我们演讲时多数要依赖讲稿。如果脱稿讲，我们还能讲这样好吗？

" 我更喜欢 B 场景中悦悦的表现。 "

2. 给予诚恳的赞美

"我" 的困惑

我是小智。昨天我参加了学校的演讲活动，在演讲过程中，我发现很多听众根本没有认真听，可我毫无办法。下台后我跟老师和同学讨论了一下，芳芳给我的建议是我应该适当关注和赞美一下听众，因为她以前尝试过这个办法，很有效！可演讲不就是我讲观众听吗？干吗要赞美他们呢？

大演讲家姜西·M.德普在谈到演讲者如何赞美听众时说，演讲者应该"告诉听众一些有关他们的事，并且是他们没想到你可能会知道的事"。

在卡耐基的课上，他曾给学员们讲过这样一件事：

有个人要到巴尔的摩基瓦尼俱乐部演讲，但他没找到有关该俱乐部的特殊资料，只知道这个俱乐部的会员，有一位曾出任国际会长，一位出任国际董事。这对俱乐部里的会员来说并不是什么特殊新闻，可他却想为大家讲一点新鲜的东西。

于是，在演讲开场时，他这样说："我非常荣幸地查到，巴尔的摩基瓦尼俱乐部是101898个基瓦尼俱乐部中的一个！"会员们感到不解，他们认为这个演讲者犯了一个错误，因为全球只有2897个。

这时，演讲者继续说："就算各位不相信，这也是事实。这个俱乐部的确是101898个中的一个。所以我今天能来这里演讲，真的感到很荣幸！"

原来，国际基瓦尼组织一共有2897个俱乐部，而巴尔的摩俱乐部过去曾出过一位国际会长和一位国际董事，从数学角度来说，任何一位基瓦尼俱乐部想同时出一位国际会长和一位国际董事的概率就是1：101898。并且这位演讲者还特别强调："我有一位名叫钟斯·霍普金斯的数学博士朋友，他可以为我证明这个数字的准确性。"就这样，他的演讲引起了大家的兴趣。

根据心理学的说法，在人类精神需求方面，认可和赞扬属于重要的基础需求。无论是什么人，在听到赞美的话后内心都会很愉悦，并由此产生交流的冲动。所以我多次对我的学员说，赞美是一种激励，可以使人信心十足，表现得比以前更好。所以，在演讲时你完全可以谈一些与听众有关的话题，并给予听众真诚的赞美，从而满足听众的自尊心，激发听众的自豪感，使听众更加乐于亲近自己，顺利地接受自己的演讲内容。

但是要注意，赞美不是向听众说一些夸张、不切实际的词句，比如"各位是我见过的最有智慧的听众""我实在太喜欢大家了"等，这会被大多数听众认为是空洞的谄媚，并因此厌恶你，继而对你的演讲也失去兴趣。

怎样在演讲时给予听众诚恳的赞美呢？

 从称谓上真诚地赞美听众。

演讲者与听众沟通的第一个环节，就是如何称呼听众。智慧的演讲者有时不会直接说"同学们、朋友们"或"女士们、先生们"这样常见的称呼，而是别开生面，从称呼上真诚地赞美听众，一开口就拉近与听众间的心理距离，实现与听众的良好沟通。比如，一位演讲者要面向农业科技工作者发表演讲，他上台后亲切地说："绿色生命的保护神，你们好！"听众立刻给予了热烈的掌声。

小智如果想通过赞美听众来与听众互动的话，他怎样做更好呢？

2 赞美要言之有物。

夸张、空洞的赞美会让听众感觉你很敷衍，甚至油嘴滑舌，难以得到听众的认可。要避免这种情况出现，在赞美听众时一定要加上原因，比如："我今天非常高兴能来为大家演讲，因为我在大家脸上看到了一种积极向上的状态。""看到你们这么热情，我对自己接下来的演讲更有信心了。"

对小智来说，如果他演讲的主题是关于"感恩老师"的，他该怎样赞美台下的老师呢？

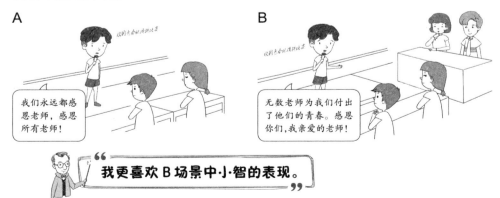

3 将听众与演讲内容联系起来。

演讲过程中，听众如果听到演讲内容与自己无关，自然就不会专心听，就会出现冷场。这时，你就要通过一些与听众有关的话题，适时地调动听众的积极性，拨动听众的心弦，以激发听众的共鸣，让听众继续对演讲保持兴趣，从而改善冷场的局面。

如果小智想在演讲中做到这一点，他该怎么做呢？

A 我们要坚持学习，积极锻炼自己，让自己永葆青春……

B 接下来我要讲的与在场的每一位都有关，就是：如何才能永葆青春……

"我更喜欢 B 场景中小智的表现。"

3. 通过提问增加现场互动

 "我"的困惑

我是李然。一些演讲书中经常提到，演讲时应该向现场的听众提一些问题，形成现场互动。于是我就在昨天的演讲中试了一下，结果台下观众根本没人回答，弄得我当时特别尴尬！难道是我提问的方式不对吗？还是根本就不应该在演讲中向听众提问题呢？

桑德尔教授在哈佛公开课《公正》中，一开始就提出了著名的"电车难题"：有一辆失控的电车要撞向路轨上的 5 个人，如果拉下扳手，它就会拐弯，撞向另一条路上的另一个人。那么，这个扳手你拉不拉？如果不拉，它就会撞死 5 个人；拉的话，就撞死 1 个人。

接着，桑德尔又给出了可能的答案：有些人认为死 1 个比死 5 个强，所以我们应该拉扳手。但是，如果我们换一个场景的话，不再拉动扳手让电车转弯，而是将一个胖子直接推向路轨，让他去阻拦电车的前进，那么你会为了挽救 5 个人而杀死这个胖子吗？

这时，台下开始发出许多交头接耳的议论声，开始时提出应该为了救 5 个人而牺牲 1 个人的听众也犹豫了，毕竟要亲手把一个人推向路轨不是件容易的事，至少心理上是不容易接受的。同时他们也对自己刚刚出现的心理感到不解，为什么同样的结果，第二个场景就不能接受呢？

这时，桑德尔才顺势引出另一派的观点来。在整场演讲中，桑德尔都是通过这种"提问—回答—反驳—再提问"的方式来推进自己的演讲的，全场听众的反馈也非常热烈。

卡耐基如是说

互动的本质是什么？参与！如果你能让听众参与到你的演讲中，听众就会把注意力放在你的演讲上。通过向听众提问，可以将听众的注意力集中起来，并促使听众自问："是啊，为什么呢？"同时听众也会很期待你给出的答案，这样在情感上就已经参与到你的问题当中来了。

接下来，你再鼓励听众"奉献"出一些答案。当有听众回答时，所有听众的注意力和兴趣都会被调动起来，因为他们很想知道这个听众会如何回答你的问题，并在心中暗暗与自己的答案对比。这样一来，你与听众的互动就建立起来了。但要注意，千万不要向听众提太多问题，演讲的本质是你要为听众提供价值，提问并让听众回答的目的，是引导听众参与互动，让听众有兴趣听你接下来的演讲。

怎样在演讲时向听众提问，增加现场的互动呢？

1 用提问来开场，活跃现场气氛。

演讲时，精彩的开场白往往能吸引听众的注意力，如果你能在开场时精心设计一个问题，用提问来开场，可以激发听众的兴趣。但也要注意，你的问题不要提得太复杂、太啰唆，或者内容太多，那样会让听众不知道你到底要讲什么，应该用精辟的词句高度概括问题，给听众一种开篇凝神的作用。

李然在以"少年与祖国"为主题进行演讲时，开场怎样向听众提问题进行互动呢？

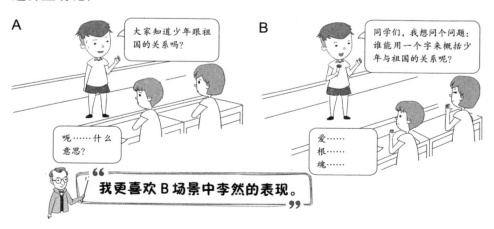

A 大家知道少年跟祖国的关系吗？

呃……什么意思？

B 同学们，我想问个问题：谁能用一个字来概括少年与祖国的关系呢？

爱……
根……
魂……

我更喜欢 B 场景中李然的表现。

2 演讲期间适时抛出几个问题，引起听众注意。

在演讲过程中，适时地抛出几个有趣的问题，通常都能引发听众的讨论。这时如果有听众站起来发表自己的看法，记得不要轻易打断他们，而应用积极反馈的方法对待听众。当听众回答断断续续时，你可以用肢体语言对听众进行鼓励和认可，如赞许式点头、微笑，注视着对方的眼睛，表示你在认真而感兴趣地倾听。

李然如果想在演讲时向听众提问题，他怎么做更好呢？

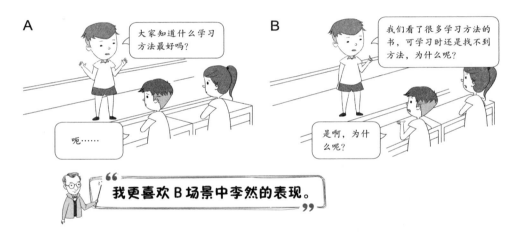

A
大家知道什么学习方法最好吗？
呃……

B
我们看了很多学习方法的书，可学习时还是找不到方法，为什么呢？
是啊，为什么呢？

我更喜欢 B 场景中李然的表现。

3 随时上问下答。

如果你担心自己提出的问题得不到听众的回应，让气氛更加尴尬，那么不妨设计一些"是不是""对不对"这样随时能上问下答的问题，形成"呼应式"互动。这种互动不但能吸引听众的注意力，还能促使听众更顺利地接受你的观点。

李然想在演讲中应用"上问下答"的方式互动，他怎么做更恰当呢？

4. 适时地"讨要"掌声

我是媛媛。我发现在我演讲时，很少有听众鼓掌，我也几乎不跟听众互动。但我的同桌芳芳在演讲时，就比较会跟听众互动，她甚至还敢向听众"要"掌声。我可不敢，万一听众不鼓掌，那多尴尬啊！但其实我也很想像她那样，该怎么"要"掌声呢？

案例时间

纳尔逊·曼德拉是 20 世纪 90 年代世界政坛上颇为耀眼的和平主义者。一次，在南部非洲发展共同体首脑会议上，曼德拉出席并领取了"卡马勋章"。接受勋章时，曼德拉发表了精彩的演讲。

在开场白中，曼德拉幽默地说："这个讲台是为总统们设立的，我这个退休老人今天上台讲话，抢了总统的镜头，我们的总统姆贝基一定会不高兴的。"话音刚落，全场笑声四起。

接着，曼德拉开始正式发言了。讲到一半时，讲稿的页次乱了，他不得不翻过来看。这本来是件尴尬事，但他却一边翻一边脱口而出："我把讲稿的次序弄乱了，你们要原谅一个老人。不过，我知道在座的一位总统，在一次发言中也把讲稿页次弄乱了，而他却不知道，还照样往下念……"这时，全场哄堂大笑，随即响起了一阵热烈的掌声。

结尾处，他又说："感谢你们把这枚勋章授予我这个老人。我现在退休在家，如果哪天没钱花了，我就把这枚勋章拿到大街上去卖。我肯定在座的一个人会出高价收购的，他就是我们的总统姆贝基先生。"姆贝基总统听完，也情不自禁地笑出声来，连连拍手鼓掌，全场掌声一片。

卡耐基如是说

演讲的目的是什么？任何演讲，不论你是不是了解，一般都有以下几个目的，即：说服听众获得响应、说明情况、增强印象、让人信服、给人们带来欢乐。在这个过程中，如果你的演讲够精彩，就一定可以赢得听众的掌声。

但是，演讲如果缺乏独到的见解和真情实意，往往会令人生厌，自然也不会获得掌声。只有见解独到、论证透辟，表达出发自内心的情感，才能赢得掌声。必要的时候，如果你的观点精辟、情感充沛，适时地"讨要"掌声，不但可以达到目的，而且可以让现场气氛更热烈。因为我一直认为：热情的能量能够点燃事业兴旺的火焰，也能消融人们心中冷漠的冰雪。

 你可以这样做

怎样在演讲时赢得掌声呢？

1 通过赞美"讨要"掌声。

以这种方式向听众要掌声不会显得唐突，当然，赞美听众时一定要真诚、认真，不能夸大其词，显得虚假，也不要太生硬。

在分享自己学习方法的演讲中，如果媛媛想"要"点掌声的话，该怎么说呢？

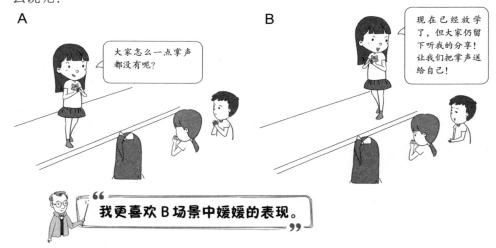

A

大家怎么一点掌声都没有呢？

B

现在已经放学了，但大家仍留下听我的分享！让我们把掌声送给自己！

我更喜欢 B 场景中媛媛的表现。

2 通过激励赢得掌声。

恰当的激励通常也可以为你赢得掌声，所以当你讲了一些激励自己或听众的话时，就可以顺势"讨要"掌声，并且这种互动方式如果发挥作用的话，后面有冷场时你还可以继续用它来暖场。

在演讲中，媛媛如果想通过激励听众的方式赢得掌声，她该怎么做呢？

3 通过幽默的话语赢得掌声。

当你感到现场的气氛有些沉闷时，不妨来几句幽默的话语调节气氛。听众觉得好笑，自然会把掌声送给你，现场气氛也就活跃起来了。但用这种方法时要注意，切忌为了幽默而幽默，讲一些并不那么好笑或与演讲无关的冷笑话，惹听众反感，反而影响演讲效果。

假如媛媛想通过这种方式赢得掌声暖场，她要怎么说呢？

5.巧用小游戏活跃气氛

我是达达。今天我跟表哥去他的大学玩，期间观看了一场演讲比赛。哇，看得我好激动！那些大哥哥大姐姐讲得真是太棒了！其中有个大哥哥给我的印象最深刻，他竟然在演讲过程中跟下面的观众做了几个游戏，简直惊呆我了！现场的气氛特别棒！我也想像那个大哥哥那样，可我担心自己控制不好，有什么方法能让我在演讲中巧妙地加入小游戏吗？

有一次，卡耐基去听一场演讲，演讲者所演讲的内容是有关汽车刹车的问题。当这位演讲者讲到汽车刹车以后还能走多远才能够完全停住时，他邀请前排的一位听众站起来，和他一起到台上去演示汽车在不同速度之下刹车距离会有什么样的改变。这名听众在演讲者的指导下，握着钢卷尺的一端，顺着走道拉出了不同的距离。

在这个过程中，全场所有的听众，包括卡耐基本人，全都被演讲者和这名互动听众的行为吸引住了，大家都全神贯注地看着这个游戏。这场演讲也让卡耐基印象特别深刻，后来他对朋友说："那条钢卷尺不但生动地展现了演讲者的论点，而且在演讲者和听众之间连接起了一条沟通的路线！如果不是这个游戏，听众们所关心的恐怕还是晚饭吃什么，或者晚上电视里会播放哪些节目！"

在演讲过程中利用游戏与听众互动，是所有互动方式中最厉害的一种！它可以让在场的所有听众都参与其中，然后进入到演讲者的角色，成为演讲活动中的"主人"。而且你会发现，一提到玩游戏，很多人都愿意参与，这也是人类的天性，喜欢简单、有趣的东西。

就拿我来说，我在演讲时也喜欢设计一些小游戏，比如我喜欢请听众站起来跟我一起重复某句话，或一起配合做个小游戏等，现场气氛通常都很热烈。但我提醒你们，千万别为了游戏而游戏，游戏的目的是增加听众的参与感，所以在设计游戏时一定要从听众的需求出发，并结合自己的演讲内容进行。

怎样在演讲时巧用游戏活跃气氛呢？

 设计抽奖游戏。

在演讲过程中，你应该随时观察听众的反应，如果发现听众对你的演讲不是很感兴趣，甚至昏昏欲睡时，就可以暂时停止演讲，转而设计一些简单的抽奖游戏，比如抽中的听众可以获得一本书、一份小礼物等，既能打破冷场活跃现场的气氛，又能让听众积极参与到你的演讲当中。

如果达达想在演讲过程中加入抽奖游戏来活跃气氛的话，他该怎么做呢？

2 团队 PK（对决）小游戏。

你也可以根据自己的演讲内容将听众组成临时小团队，然后就某个主题进行团队间的 PK，这样有利于调动听众参与的积极性。在 PK 游戏结束后，你也可以结合自己的演讲主题给予一定的点评，从而让听众更好地掌握你所要传达给他们的内容和信息。

达达正在讲"合作的重要性"，他想用小游戏来提升自己的演讲效果，怎么做比较好呢？

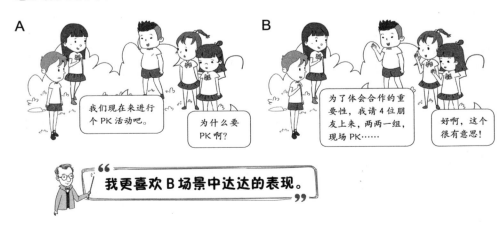

3 活跃气氛的抓手指游戏。

你也可以在演讲间隙带领听众做个小游戏，这对加强彼此间的互动也很有帮助。比如，在进行有关大脑的主题演讲时，你可以带领大家做个抓手指游戏：让听众都举起手，当你说出单数时，让大家用自己的右手去抓左手的手指；当你说出双数时，就让大家用左手去抓右手的手指。通过这样的游戏活跃气氛的同时又向听众传递出有关大脑的一些信息。

达达若想通过这一游戏活跃气氛，他怎么做更好呢？

A 有个小游戏，我想跟大家一起玩一下……

B 大家听了半天都辛苦了。下面我们玩个小游戏，请伸出两只手……

我更喜欢 B 场景中达达的表现。

经典演说：巴顿——《出征欧洲前的动员演说》

导读

1944 年 6 月，诺曼底登陆大战在即，巴顿将军面对严峻的战争形势，在出征前对士兵们进行了一次动员演说。在演说中，他以"男子汉""参赛就要赢"等慷慨激昂的词句，为美国士兵注入了能量。同时，为激励士兵，巴顿将军多次在演说中与士兵们进行互动，有效地促使讲听一体，一呼皆应，让演讲产生了巨大的感召力，极大地增强了士兵们的信心。

演讲中与听众形成互动，是演讲者与听众达成双边活动的关键，而且这种互动越充分，演讲就会越成功。它可以唤起听众的积极性和参与性，促使听众在不知不觉中接受演讲者的观点，从而令演讲扣人心弦，无往不胜。

正文

弟兄们，最近有个小道消息，说我们美国人会对这场战争置身事外。真是胡说！美国人生来就喜欢战斗，真正的美国人更喜欢战场上的刀光剑影。真正的男子汉都喜欢打仗！（巴顿挥舞拳头，士兵中有人顺势喊道："将军，我们都是男子汉！"）

非常好！我们美国人热爱胜利者，我们对失败者从不宽恕，我们蔑视懦夫。美国人一旦参赛，就要赢。我对那种输了还笑的人嗤之以鼻，你们怎么看？（士兵们呼喊："鄙视懦夫，持之以恒！"）

对，非常棒！正因为这样，美国人迄今从未输过任何战争，当然将来也不会输。一个真正的美国人，连失败的念头都不会有，你们说是不是？（士兵们呼喊："是的，将军说得对！"）

…………

……第一次上战场，每个人都会胆怯，但这并不妨碍你们成为勇士。真正的英雄，是即使胆怯仍然坚持作战的男子汉！（士兵们群情激动："我们要胜利，我们是男子汉！"）

第七章 好结尾给演讲锦上添花

1. 如何用简短的话语完美谢幕

"我"的困惑

我是小智。我刚刚在班里做了一次有关"小学生安全意识"的主题演讲。演讲结束后，王老师和同学们说我前面讲得都很好，就是结尾处不太好，有点啰唆。其实我怕同学们听完后忘了前面的内容，就想在结尾处再强调一下重点，但可能这样有点画蛇添足了。我很想知道，演讲结尾怎样讲才完美呢?

案例时间

有一次，卡耐基以贵宾的身份参加欢送纽约市某位专职人员的送别会，有十多位演讲者分别上台讲话，称赞他们这位即将离开的朋友，并祝福他在未来的新工作中获得成功。在十多位演讲者当中，只有一位是以一种十分令人难忘的方式结束他的演讲的。他在结尾处引用了一首短诗。

在即将结束他的演讲时，这位演讲者转身面向那位即将离开的朋友，然后以一种充满感情的声音对他说:

127

"再见，祝你好运。我祝福你事事顺心如意。我诚心祝福：愿和平、安详永远伴随着你。不管你去往哪里，不管你走向何方，愿我的美丽的棕榈茁壮成长。经过白天的辛劳和夜晚的安歇，愿我的爱永远祝福你。我诚心祝福：愿和平、安详永远伴随着你。"

在所有的演讲结尾中，最容易被听众接受的就是短小精悍、新颖别致的结尾，一般富有感染力的话或诗句都可以。事实上，如果你能找到一句合适的短句或一句诗作为你的演讲结尾，那几乎是最理想的了。它将产生最合适的风格和和谐的氛围，也将展示出你的独特风格。

之所以这样，是因为留给演讲者的时间有限，演讲内容完成后，就应尽快结尾，否则容易给人一种啰唆的感觉，造成听众的心理疲劳，即使之前对演讲者的演讲内容很有好感，最后也可能被冗长的结尾磨没了。

你可以这样做

怎样用简短的话语完美地结束你的演讲呢？

1 结尾应简洁而有力。

演讲讲究"凤头豹尾"，即开头可以讲得详细一些，但结尾必须简洁、有力，不要喋喋不休、拖拖拉拉，没完没了地讲。如果你打算以一句话结尾的话，通常可以以号召式、感谢式、名言式、警示式等方式结尾，不仅语言精练、生动，还能让你的演讲内容更加丰富充实，具有启发性和感染力。

小智在做"小学生安全意识"的演讲时，下面哪种结尾方式更合适呢？

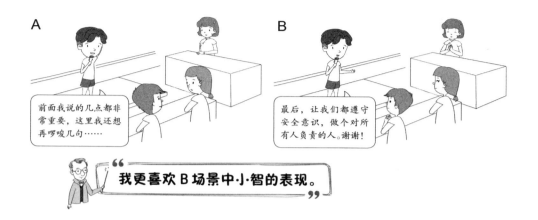

2 对演讲进行总结。

在演讲结尾处，以精练的语言对你的演讲内容和主题观点做一个高度概括性的总结也不错，可以起到突出中心、强化主题、首尾呼应的作用。但要注意的是：总结的话要精不要多，一句话最好，以增强演讲的感染力。

小智演讲完遇到了同学，针对别人提出的意见，小智的哪种表现更好呢？

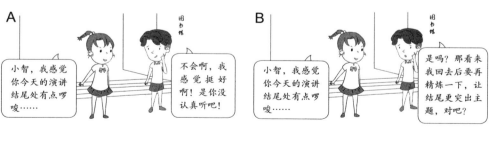

129

3 发表简短的演讲感言。

有时候，一些即时性的演讲由于时间关系，无须发表太多的演讲感言，往往一句话带过即可，如"今天很开心能在这里跟大家说几句心里话"。而有些演讲，如竞聘演讲、辩论演讲等，就需要适当发表一些个人感言，跟听众分享自己的一些感受、心得等，以拉近与听众的距离，获得听众的认可和支持。

小智如果想在演讲结尾发表自己的感受和心得，他怎么说更好呢？

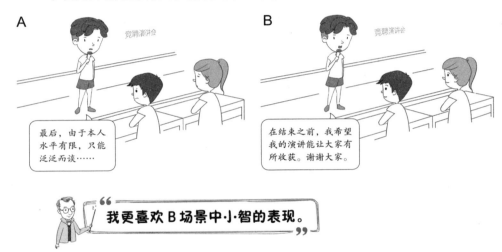

A

最后，由于本人水平有限，只能泛泛而谈……

B

在结束之前，我希望我的演讲能让大家有所收获。谢谢大家。

"我更喜欢 B 场景中小·智的表现。

2. 选择最佳时机结尾

 **"我"的困惑**

我是阿楠。刚刚我和芳芳在讨论演讲的结尾问题，我觉得演讲的结

尾不如开头重要，只要讲完主要内容，随便结尾就行。但芳芳不认可我的观点，她认为结尾跟开头一样重要，并且结尾要选择一个最佳时机，这样才能给听众留下好印象。结尾还要分时机？真的有必要吗？

卡耐基听过许多演讲，但有一种演讲却让他非常厌烦，就是有些人在演讲时滔滔不绝，啰里啰唆，众人皆感到难以忍受，但演讲者却不以为意，怎么都不肯结束。

有一次，卡耐基在听一场演讲时就遇到了这样一位啰唆的演讲者。刚开始时，这位演讲者讲得还不错，内容挺吸引人，但他越讲越枯燥，听众明显已经有了厌烦情绪，可这位演讲者还是不结尾。有一个年轻人实在忍受不了演讲者的喋喋不休，就跑到演讲者身后的楼梯上，从上面扔下一个瓶子，险些砸到演讲者的头上。可即便这样，这个演讲者还是没有结束自己的演讲。

但同时，卡耐基也遇到很多很懂得适可而止的演讲者。就像他的老朋友《星期六晚间邮报》的编辑劳瑞默先生告诉他的那样："当邮报上的系列文章最受人们青睐、意犹未尽之时，我就会停止对这些文章的刊载。"卡耐基当时不明白："为什么要这样做呢？为什么要选择这样的时机？"劳瑞默先生说："因为人们最为青睐的时刻，也预示着人们厌倦心理的即刻到来。"

这个观点也影响了卡耐基的演讲，此后，他也尽量让自己遵循这样的原则，当听众还意兴盎然地聆听自己的演讲时，他就开始为演讲的结束做

131

准备了。

在我看来，演讲的结尾是最能体现一个演讲者的水平的。美国作家约翰·沃尔夫直接强调："演讲最好在听众兴趣到高潮时果断收尾，未尽时戛然而止。"因为在演讲处于高潮时，听众的大脑皮层高度兴奋，如果这时你突然结束演讲，那么留在听众大脑中的最后印象就会特别深刻。

不过，在演讲结尾时，将其导向高潮是不太容易的，而且这种方法并不适用于一切演讲或一切演讲题材，但如果运用得当，这种方法又将会把你的演讲推向更高的境界。

怎样选择最合适的时机结束演讲呢？

1 在演讲高潮时巧妙结尾。

在演讲时，如果能让你的演讲内容层次推进，将高潮部分放到最后，那么在高潮部分讲完后即可过渡到结尾部分。用这种逐层积累的方式推进，往往可以拨动听众心弦，让听众对你的演讲内容更加回味无穷。

阿楠如果想以这种方式结尾，该怎么做呢？

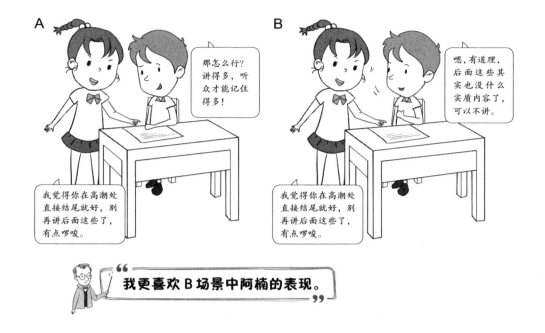

A

那怎么行？讲得多，听众才能记住得多！

我觉得你在高潮处直接结尾就好，别再讲后面这些了，有点啰唆。

B

嗯，有道理，后面这些其实也没什么实质内容了，可以不讲。

我觉得你在高潮处直接结尾就好，别再讲后面这些了，有点啰唆。

" 我更喜欢 B 场景中阿楠的表现。"

2 控制好结尾部分的时间。

在一场演讲中，一般来说你的开头和结尾部分所用的时间都不要超过总时间的六分之一，让主体部分占三分之二的时间。也就是说，如果你的演讲是 15 分钟的话，那么结尾部分就尽量控制在两三分钟内。在这样有限的时间里，你要想将主体部分讲清、讲透，就不要浪费太多的时间在结尾部分，只要将主体部分讲完就尽量快速结尾。否则，就容易给人一种"尾大不掉"的感觉。

如果阿楠要进行一场 15 分钟的演讲，他该给结尾部分分配多少时间呢？

3 从高潮过渡到结尾一定要自然、流畅。

在演讲的高潮处戛然而止，往往能给听众留下更多的回味，但也要注意，结尾不要结得过于突兀。如果没有流畅的过渡就突然结尾，反而会给听众一种演讲没讲完、如鲠在喉的感觉。所以，结尾一定要与前文衔接好，做到语言流畅、过渡自然，这样才能给观众留下余音绕梁之感。

阿楠在演讲时，怎样从高潮过渡到结尾更合适呢？

3. 幽默式结尾，给听众留下愉快回忆

"我"的困惑

我是达达。我很喜欢幽默，当然我也喜欢演讲，尤其演讲时如果有人用幽默来结尾的话，我就觉得超厉害！我自己也尝试了几次，但总被同学嘲笑，他们认为我的幽默是"尬幽默"，不好笑不说，还怪怪的！这让我很沮丧。到底怎样用幽默的方式结尾才能让听众感觉有趣从而留下愉快的回忆呢？

案例时间

当劳德·乔治就约翰·韦斯利的墓碑这一无比庄重的主题发表演讲时，没人会想到他会把听众——一群卫理公会派教徒逗得前仰后合，但他却以无比的智慧做到了。同时，他还以优美流畅的语言，完成了一个无比完美的演说结尾。

他说："看到大家共同伸手来修缮韦斯利先生的坟墓，我特别高兴。你们的行为应该载入荣誉史册。我们都知道，韦斯利先生是个特别喜爱整洁的人，我清楚地记得他说过一句话——'作为一个卫理公会派教徒，绝不能以褴褛的装束示人。'正因为这样，至今我们也没看到过一个装束不雅的卫理公会派教徒。（笑声）所以，今天修好这座坟墓，是对韦斯利先生最好的回报。大家还记得吗？有一次，韦斯利先生路过德贝郡的一个女孩家，这位女孩跑到门口向他喊道，'先生，上帝保佑您！'韦斯利先生

却回答说，'年轻的姑娘，如果你能把你的脸和围裙洗得干净些，那你的祝福就更加珍贵了。'（笑声）

　　"这就是他对不干净的感觉。所以，请不要让他的墓园显得脏乱。万一他偶尔经过这里，他一定会伤心的。你们要好好照顾这个墓园，这是个值得纪念的神圣墓园，它是你们信仰寄托的地方！（欢呼声）"

　　我一直觉得，从出场和下台的情形，就可以知道一个人算不算是个好演员。一个演讲者，能够在演讲结束时赢得听众的笑声和掌声，不但是自己演讲技巧纯熟、水平高的表现，而且会给自己和听众留下愉快而美好的回忆，同时这也是你的演讲圆满结束的标志。

　　但同时也要注意，千万不要为了幽默而幽默。有些幽默明明与你的演讲主题无关，或与你的演讲风格不符，你非要讲出来，那只会给你的演讲减分，甚至会影响你前面讲的内容给听众留下的印象。所以，幽默的结尾一定要符合你的演讲主题和演讲风格，这样的结尾才能支撑并强化你的观点。

怎样运用幽默来结束你的演讲呢？

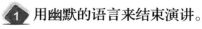 用幽默的语言来结束演讲。

　　幽默的结尾不一定非要听众大笑不止，但它要能够在一定程度上缓解听众的精神疲劳，让听众的精神得到放松和鼓舞，同时让你的演讲产生余音不绝的效果。所以，你可以运用幽默的语言来结束你的演讲，比如临场

发挥几句幽默的话语、讲一个有趣的故事等，一语双关地结束你的演讲。

喜欢幽默的达达，如果也想用幽默的方式结束以"外表美和心灵美"为主题的演讲，他该怎么做呢？

2 借助道具产生的幽默效果结束演讲。

必要的时候，借助道具产生的幽默效果，并与你的演讲结束语之间建立关联，也可以达到让演讲完美结束的效果，同时还能让听众在笑声中品味你演讲的深意。

假如达达想以这种方式结束自己的演讲，下面的做法哪种更恰当呢？

3 不要让幽默变成讽刺挖苦。

有些演讲者在演讲时发现个别听众不注意听，或对自己的演讲不感兴趣在下面交头接耳、窃窃私语，就会在结尾时故意说上几句看似幽默，实则却是讽刺挖苦的话，以此发泄内心的不满。这种结束演讲的方法不但不幽默，反而会显得演讲者素质低下，于演讲毫无益处。

如果达达想用幽默而不是反讽的方式结束演讲，该怎么注意自己的言语呢？

A 我的演讲结束了，下面有些人都等不及要走了吧？

B 我的演讲结束了。能耐心听完我的演讲，大家真是太宽容了！谢谢！

"我更喜欢 B 场景中达达的表现。"

4. 总结式结尾，让听众对演讲印象深刻

"我"的困惑

我是苗苗。下个月我将要代表我们班，跟其他年级的同学进行演讲PK（对决）。在试讲时，李老师和同学们都说我的结尾不太好，有点散。今天我又跟李老师讨论了一篇演讲稿，问题还出在结尾上，李老师建议结尾时总结一下主题内容，可我怎么都做不好，到底问题出在哪儿呢？

卡耐基曾经在他的课程中多次提到，有一位不知名的苏格兰政治家，对于演讲他给出了自己的方法：首先，要告诉听众你打算讲些什么；接着，你可以开始你的演讲；最后，在演讲结束时，你应该重申自己演讲的主要内容，这样才能让观众更好地理解你的演讲内容。

美国的卡特总统在 1977 年 1 月发表的《美国理想》就职演说中，在结尾部分就直接表明并总结了自己的演讲目的：

"我和大家一样，都希望在我担任美国总统届满时，人们能够这样评论我们的国家：我们记得弥迦的话，我们重新寻找谦卑、怜悯和正义；我们已经拆除了不同种族、不同地区和不同信仰的人们相互隔开的障碍；我们尊重多样化的生活方式，使缺失信仰的地方重新建立团结；我们已经为希望工作的人们找到了工作；我们已经巩固了美国的家庭，这是我们的社会基础；我们已经自觉尊重法律，无论弱者还是强者，富人还是穷人，在法律面前一律平等；我们已经使人们重新认识了自己的政府，并为其感到骄傲。同时，我希望世界各国都会这样说：我们不是在武器之上，而是在我们最珍视的价值观的国际政策之上，建立起了持久的和平。这些不但是我的个人目标，而且这些也将不是我的个人成就，并且是对我国持续不断的道德力量的一种肯定，也是对我们从未减弱的、不断发展的美国理想的一种肯定。"

卡耐基如是说

即使是一场几分钟的演讲，涉及的内容也会很多，所以当演讲结束时，听众往往会坠入云里雾里，难以厘清你的演讲主旨和要义。在这种情况下，

139

如果你能在结尾处对自己的演讲内容总结一下，那效果简直太棒了！

要知道，虽然你对自己的演讲要点已经了然于胸，但对于听众来说却是新奇而又陌生的内容。即使能有一部分听众理解你的演讲内容，但大部分听众往往都难以全部理解。而你的结尾总结恰恰是在重申自己演讲的主要内容，帮助听众理解你的演讲。

怎样在演讲结尾时进行总结呢？

1 回顾你的演讲要点。

在演讲结束阶段，你要重申你的演讲内容提要，强调演讲的要点，帮助听众提炼出你的演讲重点，从而加深听众的记忆。这样的总结方式才能让听众感觉你的整场演讲主题明确，结构紧凑，逻辑清晰。当然，既然是总结性的发言，就只需要提出要点或提纲，不要再泛泛而谈，避免内容重复。

苗苗在准备自己的演讲结尾时，怎么做更好呢？

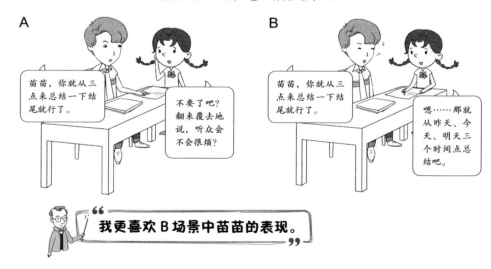

2 与开头呼应，升华主题。

结尾处与开头形成呼应，相当于在结尾处将你所演讲的内容重新总结回忆一下。这样一来，就能让听众对你的演讲内容更加清晰，理解也更加深入。如果再适当加上几句金句、名言、号召或祝福语等，还可以升华主题，使整篇演讲首尾呼应，结构完整，从而增强演讲的鼓动性和激发力，为你的演讲画上圆满的句号。

苗苗的演讲结尾时，怎样处理会更加精彩呢？

3 强调演讲的目标。

如果你希望别人了解什么，最有效的办法就是直截了当地告诉听众。有时你期望通过演讲可以改变什么，在内容展开部分你已经论述了为什么要这样做、好处是什么以及如何做等，那么在结尾处就可以直接总结出你的演讲目标是什么、希望听众怎么做等问题，使听众对你的演讲主题更加明确。

关于这一点，苗苗在演讲结尾处应该怎样注意？

5. 怎样避免失败的结尾

我是李然，一个热爱演讲的小学生。为提升自己的演讲水平，我很喜欢跟同学讨论一些演讲知识，比如刚刚我们就在讨论有关演讲结尾的问题，大家提出了几种比较失败的演讲结尾，但有几个我不太认可。那么，到底哪些结尾是比较失败的呢？演讲中又该怎样避免失败的结尾呢？

卡耐基曾对工业家乔治·福·詹森做过一次访问。当卡耐基到达詹森先生的办公室时，詹森先生对卡耐基说："你来得正是时候，我马上要进行一次演讲。你看，我现在已经准备好它的结尾了。"

"对一个演讲者来说，"卡耐基说，"能够预先在大脑中有清晰的思路，这的确很好。"

"噢，"詹森先生说，"我现在才开始准备它的结尾，我大脑中还没有完全清晰的思路，刚刚有了笼统的概念和结尾的方式。"

詹森先生并不是一位专业的演讲家，他只是按照自己的经验进行了许多成功的演讲。他已经认识到结尾的重要性，也认识到需要合情合理地进行推理，最后得出结论。

结尾可以说是演讲最为重要的一部分，当演讲者结束演讲后，他所说的最后几句话可能还会留在听众的脑海中，并且会被听众记很长时间。但是，卡耐基却发现，很多演讲者的水平可能无法企及或超越詹森先生，但却会犯与詹森先生类似的错误：即使知道演讲的结尾很重要，演讲马上就要开始了，却仍然没有很清晰地明确自己的演讲该如何结尾，结果也可想而知。

卡耐基如是说

如果说演讲开场白是飞机的起飞的话，那么结尾就是飞机的降落。如果演讲者不能在"飞机起飞"之前就设计好"飞机降落"的方式和路线，那么"降落"时就很容易"失事"，难以做到"平稳降落"。

有些演讲者常常不知道该怎样结束自己的演讲。他们的演讲就像在带领听众进行一次没有规划的旅行一样，游览了一个又一个景观，并对景观进行了详细的描绘，但就是不知道怎么停下来。只有到天黑，他们才意识到自己该结束了，于是就可能在没有任何结论性语言的情况下匆忙地结束了这趟"旅程"。我一直强调，这种感觉就像是突然跌入了一个无底洞，让听众感觉极其不舒服。

怎样避免失败的演讲结尾呢？

1 结尾不要过于突然或迅速。

演讲如同开车一样，平稳地"驾驶"才能让人感到舒服，否则过于突然或迅速，就会令听众产生一种汽车还没到达目的地却突然抛锚了的难受感。这种结尾没有任何的过渡过程，在听众正感觉愉快的时候就突然结束了，听众甚至不明白，演讲怎么就这样突然结束了。所以，要想让听众听完整场演讲都很舒服，切忌结尾过于突然或迅速，而应有个缓冲或过渡。

如果李然来做一场演讲的话，他应该以哪种方式来结尾呢？

2 信心不足的结尾要不得。

任何一场演讲，只有充满信心的说话才能获得良好的效果。如果你在结尾处对自己前面所论述的主题表现出不确定的态度，或者对听众说："大家看我说得对不对？"这将无异于自杀。可能你这样说只是为了引发听众思考，但若你对自己所表达的观点不确定的话，这种结尾方式还是不要轻易尝试。否则，听众会觉得，自己花那么长时间听你的演讲，结果你自己都没有绝对的把握，听众又怎么会完全认可你的观点呢？

如果李然想让自己的演讲结尾给听众留下深刻的印象，他怎么说更合适呢？

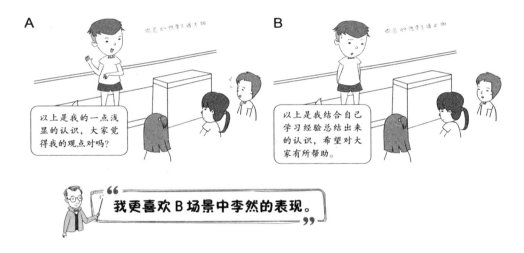

3 避免头重脚轻的演讲结尾。

如果你的开场白给人一种规模宏大的感觉，而结尾处却草草结束，就会给听众留下"虎头蛇尾"之感，听众会因此觉得你对自己的观点产生了怀疑，或者认为你已经没有耐心继续讲下去了，继而会质疑你之前所讲的内容。这也说明，演讲结尾处一定要与你的演讲开头处相互照应，做到整体协调，前后一致，不要给听众留下头重脚轻的感觉。

对于李然来说，如果他的演讲开头很精彩，结尾处怎么做更好呢？

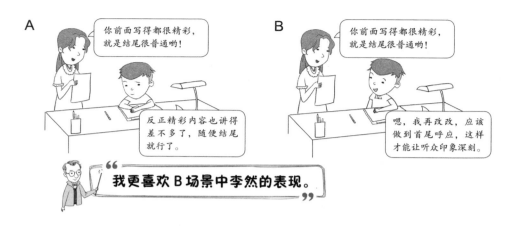

经典演说：德摩西尼——《斥腓力》演说（节选）

导读

公元前 4 世纪中叶，马其顿国王腓力二世开始率领大军四处扩张，希腊成为他的首个扩张目标。为了唤醒同胞，拯救祖国，德摩西尼奔走呼号，发表演说，号召希腊人民团结起来反对侵略，保卫自己的家园。

在这种情势下，德摩西尼共发表了八篇《斥腓力》演说，其演说慷慨陈词，饱含激情，使听者无不切齿顿足，摩拳擦掌，大有拔剑冲锋之势。这篇演说的结尾就可以体现出德摩西尼的心情，并且以这种方式结尾，又有一种言尽而意未尽之感，留有余韵，给人启发。

正文

敌人正在对我们铺设罗网，四面合围，而我们却还呆坐着不求应付。同胞们，我们究竟要到什么时候才能采取行动？当雅典的航船尚未覆灭之时，船上的人无论大小都应该动手救亡。一旦巨浪翻上船舷，那就一切都会同归于尽……即使所有民族同意忍受奴役，就在那个时候我们要为自己而战斗。演说的灵魂就是行动！行动！再行动！

第八章 别让临场意外破坏演讲气氛

1. 突然忘词了，该怎么应对？

"我"的困惑

我是媛媛。昨天我们学校举行了开学典礼，由我代表我们的年级段上台讲话。我觉得很自豪，早早就开始准备演讲稿，可昨天在台上讲着讲着，也不知怎么了，忽然大脑就一片空白，一句话也想不起来了！当时我特别窘迫，几秒的时间简直像过了半个世纪一样！幸好台下有同学提醒了我，可我后面却怎么都找不到刚开始演讲时的感觉了，很糟糕！

案例时间

曾经有一位著名的美国参议员，在演讲前已经做了周全的准备和预案，但正式发表演讲时，他讲了一半，突然发现自己脑中一片空白。他自己突然僵住了，茫然地望着台下的听众，不知如何继续下去，因为他忘词了。

迟缓了几秒后，这位参议员立刻调整自己的状态，然后向台下的听众发问："请问大家，我的声音够不够大？最后几排的听众能听见我的声音吗？"

"够大！"

"完全可以听见！"

台下的听众向台上的参议员反馈道。

事实上，他早就知道自己的声音足以让最后几排的听众听得清楚，而此举也不是真的在征求听众意见，他只是在为自己争取时间。在短暂的停顿后，参议员想起了自己要说的话，然后继续进行演讲。

大多数演讲者都曾经历过，当你正在台上发表精彩演讲，演讲一直进行得很顺利，忽然之间自己的脑海中一片空白，不知道自己接下来该说什么，这是很尴尬的！

不过你也要明白，在演讲中忘词是再正常不过的现象了。如果每次演讲都能做到与原稿完全无差、一字不落，那只能是机器人。当然，面对那么多注视着你的听众，突然忘词肯定会让你心慌意乱、不知所措。但是，这种情况也并非无法挽救。如果你事先准备充分，即使现场忘词了，也是有挽救方法的。

怎样避免演讲过程中的突然忘词？

1 以最后一句话为过渡引起新话题。

一旦忘词了，你可以利用你演讲中最后一句话的最后几个字，或者用最后一句话作为新的主题来过渡，引出一个新话题来讲。比如，你演讲的最后一句话是："有些学生之所以成绩不好，主要是因为他对自己的学习缺乏兴趣……"讲到这里时忘词了，那么你就可以以"学习的兴趣"作为新话题展开演讲。当然，你的大脑也要尽快回忆之前的内容，当你想起了原来的演讲内容后，再从当前话题慢慢过渡到原来的话题。

媛媛在演讲时忘词了，她该怎样来为自己"救场"呢？

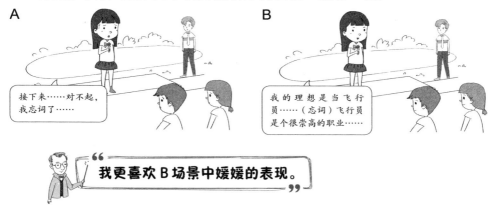

A
接下来……对不起，我忘词了……

B
我的理想是当飞行员……（忘词）飞行员是个很崇高的职业……

我更喜欢 B 场景中媛媛的表现。

2 运用跳跃衔接法救场。

一般演讲时忘词，并不是把后面的词全部忘掉了，而是忘记了下一句或下一段。这时不妨就从你能想起来或记得最清楚的地方接着往下讲，以跳跃衔接的方式，记到哪里讲哪里。但也要注意，如果忘记的内容与现在所讲的内容是并列关系，那并无大碍；如果是递进关系，就要等衔接好之后，再做一个衔接性的说明，例如："大家可能发现了，这个观点与之前的观点有些脱节，那是因为还有个中间环节……""中间环节"就是你忘记又想起的部分。

如果媛媛在演讲过程中不幸忘词了，她该怎么继续自己的演讲呢？

3 利用提问法为自己争取时间。

一旦忘词，也可以马上向听众提一个问题，这样既能为自己赢得回想演讲内容的时间，又能活跃现场的气氛。当然，如果没有听众主动回答你的问题，你也可以点几个听众说一下想法，这样既不会冷场，又让听众有了参与感。

如果媛媛在进行"小学生如何保护自己"的主题演讲时，突然忘词了，她该怎样救场呢？

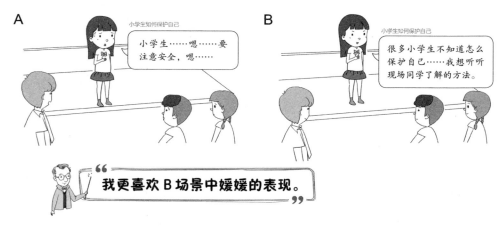

2. 演讲中出现口误，该如何补救？

"我"的困惑

我是苗苗。今天我可出大丑了！今天有别的学校的老师来我们学校参观，由我上台做欢迎演讲。我在演讲时原本是想引用一位著名主持人说的一句很有名的话，结果一紧张，把这个主持人的名字说错了，而且还连续说错了两次！当时我窘极了，后面连自己讲了些什么几乎都记不清了，真是太丢人了！我很想知道，别人在演讲中出现口误都是怎么处理的？

案例时间

2015年12月20日，第64届环球小姐选美决赛在美国拉斯维加斯举行。到了最激动人心的颁奖环节，主持人哈维宣布本届选美比赛的冠军是哥伦比亚的一位佳丽，并由上届环球小姐为她戴上王冠。这位美丽的冠军小姐带着笑容站在台前，接受观众的欢呼和祝贺。

突然，哈维一脸尴尬地走到冠军小姐身边，宣布自己犯了个大错，看错了得奖名单。他说："各位，我很抱歉。哥伦比亚小姐是亚军，冠军是菲律宾小姐。"原来此次环球小姐的冠军是菲律宾小姐，由于哈维看错了名单，错把哥伦比亚小姐当成了冠军。

事后，哈维在自己的推特上发文道歉："首先，我向哥伦比亚小姐和菲律宾小姐致歉，我犯了一个严重的错误。其次，我向观众们说声对不起，我确实犯了一个错误。"

结果，哈维的职业生涯并没有因为此次重大的错误而受到负面影响，反而因为他表现出的认真、负责、敢于承担责任等态度，他此后的主持机会还增多了。

每个人在演讲时都有可能出现口误，这一方面可能是因为紧张，一时之间错话脱口而出；另一方面，演讲前没有经过充分的准备和试讲，对演讲内容不够熟悉，正式演讲时出现口误也就不足为奇了。

对待口误最好的方法就是预防，但如果演讲中仍然出现了口误，也要分情况对待。如果是无伤大雅的小口误，甚至是听众无法分辨的口误，你可以不用理会，继续你的演讲就行了；但如果是较大的口误，比如把重要信息说错或说漏了、把人名说错了，或者一些不符合事实的事理性错误，就要认真对待了。

怎样巧妙补救演讲中出现的口误呢？

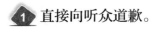 直接向听众道歉。

一旦演讲时出现口误，并且错误比较严重，你可以直接诚恳地向听众道歉。几乎所有人都会犯错，你的口误也并非不可原谅。虽然这种应对方法过于直接，可能会影响你的演讲的连贯性，但非常真诚地承认自己的口误，然后改正过来，反而能引起听众对你的关注，并对你的真诚产生好感。

像苗苗出现的这种说错人名的情况，她怎么处理更好呢？

我更喜欢 B 场景中苗苗的表现。

2 用"反问＋否定"来纠正错误。

在表达时，如果因为口误将某句话的语义说反了，可以用"反问＋否定"的方式及时纠正。也就是说，当你发现自己说错了时，马上补充一句："大家认为我刚才这种说法对吗？显然这是不对的。"然后再及时将正确的说法说一遍，通常听众不会发现你刚刚是出现了口误。

对于苗苗来说，如果她在演讲过程中出现口误，该怎样救场呢？

我更喜欢 B 场景中苗苗的表现。

3 用自嘲的方式化解尴尬。

我们可以通过适当地陈述自己当下的紧张状态，来缓解自己口误的尴尬；或在演讲前准备一个笑话或小故事，以备演讲中出现意外情况时用来救场。比如，发现自己口误时，你可以说："我从小上台就紧张。现在我也很紧张，嘴巴好像都不受控制了，所以不小心说错了话。如果可以的话，希望大家给点掌声鼓励我一下，谢谢！"主动暴露自己的弱点和状态，展示自己的脆弱，反而能拉近自己与听众间的距离，让自己更加放松地继续下一阶段的演讲。

如果在苗苗把演讲中出现了把人名说错的失误，下面哪种方法可以更好地补救呢？

3. 面对刁钻问题，该怎么应对？

我是媛媛。今天在五星红旗下演讲时，忽然有个同学向我提了个问题，当时我都没反应过来，结果就冷场了，场面一度十分尴尬。幸好队伍前排的一位同学提醒了我一句，我才反应过来。这也让我开始反思，到底怎样准备，才能应对演讲过程中听众提出的刁钻问题呢？

1972 年，美国和苏联在举行关于签署限制战略核武器的最高级会谈时，时任美国国家安全顾问的基辛格博士向美国代表团的随行记者介绍情况时说："苏联每年大约生产 250 枚导弹。先生们，如果这时把我当成间谍抓起来，我们应该怪谁呢？"

这时，一位美国记者立即向基辛格提问："那么我们的情况呢？我们国家有多少潜射导弹在装配分导式多弹头？有多少'民兵'导弹在配置分导式多弹头？"

面对这个两难的问题，基辛格如果说不知道，那肯定是在撒谎；但如果说出实情，那就是违法。基辛格博士可不会做这种事情，他沉默了一会儿，回答说："我们有多少潜射导弹，我知道；我们有多少'民兵'导弹在配置分导式多弹头，我也知道。"那位记者以为自己得逞了，正暗暗得意，不料基辛格博士话题一转，对记者们说："我的烦恼是，我不知道这些数字是不是保密的。"记者们马上嚷嚷道："不是保密的，不是保密的！"这时，基辛格博士反问道："不是保密的吗？那你们说是多少呢？"

记者虽然向基辛格博士提出了一个很让他为难的问题，但他却用反诘法，让记者们再无还口之语。这种金蝉脱壳的方法既显得技高一筹，又幽默洒脱。

155

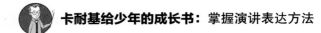

 卡耐基如是说

在很多演讲中，总有一些听众喜欢向演讲者提一些刁钻的问题，一旦演讲者回答不好，就可能陷入提问者设置的陷阱中，使自己的演讲大打折扣。要避免被这类刁钻问题为难，你可以在演讲前与听众约定：我们有多少个提问机会、提问的范围是什么，以及提问的要求有哪些等。这样能在一定程度上避免刁钻问题的出现。

当然，这也不能百分百避免听众提出让你为难的问题，一旦遇到这样的难题，你要遵循不让自己难堪、不让提问者难堪和不让演讲失去控制的原则，先去赞美听众的问题，哪怕此刻你的内心是慌乱的，这不但体现出你的大度，而且还能为你赢得更多的思考时间。然后，再运用恰当的方式去应对提问者给你出的难题。

 你可以这样做

怎样应对演讲中听众提出的刁钻问题？

1 控制好自己的情绪。

当听到听众提出一些刁钻、令人难堪的问题时，一定先控制好自己的情绪。你可能觉得听众是在故意为难你，让你出丑，实际并不见得是这样；相反，恰恰是因为他们很信任你，想让你给出答案，才会向你提出问题。以这样的心态来看待问题，你就会发现听众提出的一些问题其实也是有价值的，比如可以帮你提高认知、加深对专业知识的理解、启发思维等。

当听众向媛媛提出的问题比较刁钻时，她怎样应对才恰当呢？

用转移法转移问题。

当听众向你提出的问题让你难以回答时，你也可以再将问题转移给对方或其他听众，比如："这位朋友提出的问题很好，刚好我们有几分钟时间讨论一下，我相信你也一定非常关心和了解这方面的知识。所以我也想了解一下，针对这个问题你是不是也有自己的独到见解？你是否愿意跟大家分享一下？来，我们掌声鼓励一下！"这就将问题成功转移到了对方身上。当然，如果对方发言了，你也要利用这段时间积极思考下一步将如何发言。

如果媛媛想用这种方式来应对听众的问题，她该怎么做呢？

3 调动其他听众的参与积极性。

你在回答提问者的问题时，也要同时关注现场的其他听众，注意调动他们的参与积极性，并尽量把提问者提出的问题延伸，使之变成所有听众的问题。在与提问者保持目光交流期间，也要注意其他听众，否则会令他们失去兴趣，进入无所事事的状态，后面再想引起他们的注意就会比较困难。

对于媛媛来说，如果听众提出了让她不知如何回答的问题，她怎样才能调动其他听众的参与积极性呢？

A 这个……我一时不知怎么回答，要不我结束后去查查资料吧……

你认为爱因斯坦在哪方面的成就最伟大呢？

B 这个问题大家都很关心吧？我想听听大家的意见，哪位同学谈一下？

你认为爱因斯坦在哪方面的成就最伟大呢？

"我更喜欢 B 场景中媛媛的表现。"

4. 意外冷场，如何扭转气氛？

 "我"的困惑

我是悦悦。在演讲过程中，我最害怕的就是突然冷场。我曾经经历过一次，是在一次班级竞选演讲中，当时我完全慌了，我想大家一定觉得我的演讲很差劲，因为我发现他们都在下面自顾自地做自己的事。我当时几

乎是以快读演讲稿的速度慌忙结束了自己的演讲，真是太尴尬了！当然，那次竞选我也失败了。

案例时间

希尔伯特是20世纪最著名的数学家之一，他曾经在一位学生的葬礼上致辞。面对前来缅怀的家属和朋友，希尔伯特的演讲很快就跑题了，他讲到这个学生生前对黎曼假设的证明有个错误，然后开始阐述这个错误。他充满激情地冒着大雨在学生的墓前对大家说："首先，让我们来考虑一个复变函数……"

随后，希尔伯特又滔滔不绝地讲了很长时间的黎曼假设问题，结果前来悼念的人都崩溃了。有些人直接离开了现场，即使留在现场的人，也根本不想听希尔伯特的这种离题万里的演讲。

希尔伯特的这一行为给人们留下了很不好的印象，因为他没有搞清楚自己当时演讲的目的和意义，只是按照自己的意愿讲，结果将一场有纪念意义的演讲变成了个人自定主题的即兴发言，导致场面一度尴尬万分。

卡耐基如是说

任何一位演讲者，都希望自己能赢得听众的共鸣，甚至期盼自己的演讲能被那经久不息、雷鸣般的掌声打断。但这种情况在大多数时候是不容易出现的，而最容易出现的反而是：你在台上滔滔不绝地讲着，下面的听众无动于衷，甚至昏昏欲睡，完全不在乎你讲什么。这真是个极其令人尴尬的场面！

不过，此时你最好还是从自身找找原因，不管是哪种类型的演讲，出现意外冷场的情况都是有原因的。只有找到原因，再根据当时的情况进行控场，才能将大家的注意力重新拉回到你的演讲当中。

怎样扭转演讲时意外冷场的气氛呢？

 通过幽默笑话来化解尴尬。

一旦发现冷场了，说明此时听众不再关注你。为了拉回听众的注意力，你可以讲个生动有趣的小故事，并适当配上一些肢体动作或表情，使现场的气氛再次活跃起来。同时，这种暖场方式还能让你的演讲显得充满激情和正能量，听众也会再次将关注点放到你身上。

遇到演讲冷场的情况，悦悦怎样处理比较恰当呢？

2 重新明确演讲主题。

缓解冷场的尴尬之后，该讲的内容还要继续讲，该走的流程也要继续走。所以当发现听众的注意力再次被吸引后，你需要重新明确一下你的演讲主题，将大家的关注点重新拉回到你的演讲中。

对于悦悦来说，倘若她要缓解冷场的尴尬，她该怎么说呢？

3 让观众参与到演讲之中。

冷场还有一个重要原因，就是听众置身事外了。演讲人和听众是一场演讲成功必备的两个部分，缺一不可，如果你将演讲当成你的独角戏，无视听众的存在，那必然会失败。所以，在演讲过程中不妨随时让听众参与到你的演讲中，比如做一些小游戏、适当向听众提问题等。双方的情绪被调动起来后，自然就不会冷场。

悦悦如果想用这种方式暖场的话，她该怎样做呢？

5. 遇到听众唱反调，怎么处理？

我是达达。我在演讲中遇到最尴尬的事，就是在一次户外活动中，当时大家即兴出节目，我选了做演讲，结果有个别班的同学站起来跟我唱反调，说我讲得完全不对。当时我简直蒙了，根本不知道怎么应对！我只记得自己胡乱地说了几句话就赶紧走开了，真是太难堪了！我现在特别想知道，以后再遇到这种情况时该怎么应对呢？

林肯刚刚竞选总统成功时，整个美国参议院的议员们都感到很尴尬，因为林肯的父亲是一名鞋匠。当时美国的参议员大部分都出身名门望族，他们自以为是上流社会优越的人，从没想到自己有一天会遇到一个鞋匠的儿子当总统。因此，林肯首次在参议院演说时，就遭到了刁难。

在林肯站在演讲台上准备演讲时，一个傲慢的参议员站了起来，说："林肯先生，在你开始演讲之前，我希望你别忘了，你是个鞋匠的儿子。"

其他参议员听了后都大笑起来，但等大家笑声停止，林肯说："我非常感谢你让我想起了我的父亲，很遗憾，他已经过世了，但我一定会记住你的忠告，我永远是鞋匠的儿子。我知道，我做总统永远无法像我父亲做鞋匠那么出色。"

台下的参议员一下子陷入了沉默。随后，林肯又对那个挑衅自己的参议员说："据我所知，我父亲以前也为你的家人做过鞋子，如果你的鞋子不合脚，我也可以帮你修改，虽然我不是个伟大的鞋匠。"继而他又对下面的所有参议员说："参议院里的任何人，如果你们穿的鞋是我父亲做的，而它们需要修理，我一定尽量帮忙。但有一件事是可以肯定的，我无法像他那么伟大，他的手艺是无人能及的。"

林肯说完，台下所有的嘲笑声都变成了赞叹的掌声。

的确，遇到唱反调的人很令人伤脑筋，尤其在演讲过程中，他们的言行很让人难堪。但是，应对反调，大度是关键。万一遭遇反调者，采取通过与对方争执来维护自己尊严的方法，反而于己更加不利。

一件事的利害得失，换个角度看也许情形就不同了。面对对方的挑衅、否定，如果勇敢承认，并接纳对方过激的言辞和指责，然后再用真诚的话语去打动对方，表面看似乎不够高明，其实却是演讲中很有效的技巧。

怎样应对演讲中听众唱反调的状况呢？

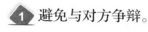 避免与对方争辩。

遇到在演讲现场与你唱反调的听众，不要与对方争论，不管输赢，这样做都会破坏你的形象和演讲的氛围。聪明的做法是在控制好现场秩序的同时，积极安抚听众的情绪，引发听众与你的共鸣，从而让你的演讲可以继续下去。如果不想回答，也可以巧妙回避。

达达在演讲中再次遇到有人唱反调，下面的应对方法哪种更合适呢？

A

我不认可你的观点，你的说法太片面……

你还没认真听完我的演讲就说不对，那你别听好了！

B

我不认可你的观点，你的说法太片面……

这位同学说得很好，不同的环境和语境，表达对错是无法界定的。

我更喜欢 B 场景中达达的表现。

2 不要随便评价对方的问题。

不管对方说的话是否让你尴尬，都不要随便去评价对方的问题，比如说对方"没水平""无理取闹"等，当然也不必刻意去赞美对方，只需要客观地想好如何去应付对方即可。如果对方的问题实在不是一时半会可以讨论清楚的，就直接告知对方："今天的时间有点紧，这个问题我们下次讨论吧。"

如果达达再遇到有人唱反调的问题，他应该怎么处理呢？

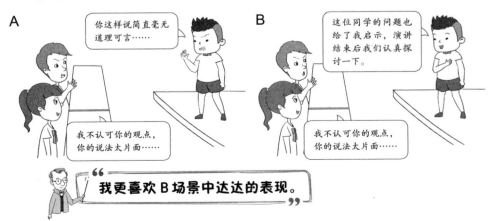

A

你这样说简直毫无道理可言……

我不认可你的观点，你的说法太片面……

B

这位同学的问题也给了我启示，演讲结束后我们认真探讨一下。

我不认可你的观点，你的说法太片面……

我更喜欢 B 场景中达达的表现。

3 将计就计，巧妙回击。

有时面对听众故意唱反调，你也可以进行巧妙还击。尤其对于一些不便于正面应答的问题，可以巧妙地运用修辞，如双关、暗喻等，避实就虚，含蓄委婉地回击对方，也不至于激化矛盾，从而使你的演讲继续下去。

达达正在台上演讲，忽然一位听众向台上扔了一个纸团，正好扔到达达身上，对方还用挑衅的目光看着达达。达达该如何处理呢？

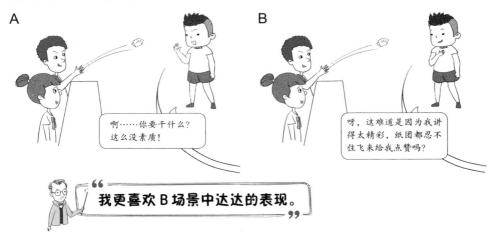

A

啊……你要干什么？这么没素质！

B

呀，这难道是因为我讲得太精彩，纸团都忍不住飞来给我点赞吗？

"我更喜欢 B 场景中达达的表现。"

经典演说：孙中山——《有关三民主义的阐述》（节选）

导读

1924 年夏，孙中山先生在广东大学演讲，主要阐述三民主义的要义。由于现场场地较小，听众多，空气很差，有些人已经昏昏欲睡，根本无心再听演讲。于是，孙中山就在演讲中穿插了一个笑话。听众听后哈哈大笑，沉闷的空气一扫而尽。

在演讲冷场时，通过短小精悍的故事可以很好地调控现场气氛，并为接下来的演讲做好铺垫。

正文

香港一个搬运工人买了一张彩票，藏在竹杠里。得知中奖之后，他认为自己从此再也不用靠竹杠生活了，就把竹杠抛入了大海。他没想到的是，领奖需要凭票，可他哪里还能找回藏着彩票的竹杠呢？（听众听完打起了精神，想知道答案，孙中山先生顺势导入正题）民族主义就是这根竹杠（意思是说要反对帝国主义，必须紧握强有力的武器）。

第九章 搞定不同类型的演讲

1. 即兴演讲

"我"的困惑

我是李然。上周我们班组织了一次夏令营活动，在活动中，作为学习委员的我突然被老师叫起来就活动内容说几句感想。我当时完全没有准备，大脑几乎一片空白，根本不知道该说什么！最后在大家强烈要求下，我才站起来胡乱讲了几句，感觉真的很丢人。这也让我开始思考，怎么才能在这种即兴演讲中出色地发挥呢？

案例时间

很多年前，道格拉斯·费班克为《美国》杂志写了一篇文章，叙述了一种"益智"游戏。在随后的两年中，查理·卓别林、玛丽·皮克福和他几乎每晚都玩这种游戏。这其实已经不单单是一种游戏，它还包含了演讲技巧当中最困难的练习——站着思考。根据费班克的叙述，这个"游戏"是这样进行的：

"我们每个人各自在一张小纸条上写下一个题目，然后把纸条折起来，混在一块儿。其中一个人抽出题目后，马上站起来用那个题目说上一分钟。同一题目只能使用一次。那天晚上，我必须谈的内容是'灯罩'。如果你以为很容易，不妨试试。不过那天我好歹过了关。

"重要的是，从我们玩这个游戏开始，我们变得越来越机敏了，对于五花八门的题目也有了更多了解。更有用的是，我们都学会了在瞬间根据题目组织自己的知识和思想，学会了怎么站着思考。"

在卡耐基的训练班中，他也经常请他的学生起来即兴演讲。卡耐基的经验告诉他，这种练习有两个作用：一是能增强班上人的信心，相信他们也能站着思考；二是这种经验能让他们在做有准备的演讲时可以更加从容，更有信心。

即兴演讲是最受欢迎的一种口头演讲形式，与常规演讲相比，它的难度更大，也更能体现一个人的口才水平。实际上，我们每个人都能发表令人接受、有时还很精彩的即兴演讲，而"站着思考"的小游戏给演讲者的启示是：即使做有准备的演讲也可能会有意外情况发生，但因为有了即兴演讲的基础，所以他们可以继续条理清晰地讲话，直到重新回到原来的话题上。

当然，要想迅速有效地进行即兴演讲，并不是一朝一夕就可以实现的，你需要像案例中的几个人那样，经常和同学进行练习，要相信熟能生巧的力量。

怎样迅速有效地搞定即兴演讲呢?

1 即兴演讲需要经常练习。

要想在特定的情境和主题诱发下即兴发表演讲，就需要平时多了解古今中外的各种事件，对各种学科的知识都有所涉猎。同时，为了锻炼你的思维能力、表达能力和现场应变能力，平时还应多多练习。比如，经常与同学就某一个话题展开即兴演讲等。久而久之，你的各方面能力都会获得提升，等真的需要即兴演讲时，也能迅速进入状态。

李然如果想提高自己的即兴演讲水平，平时他应该怎么做呢?

A 多看点书、多背点演讲稿就行了，没必要天天练!

李然，你觉得怎么才能提高即兴演讲水平? 是不是要多练习?

B 是的，多看书、多练习，熟能生巧，自然就能出口成章。

李然，你觉得怎么才能提高即兴演讲水平? 是不是要多练习?

我更喜欢 B 场景中李然的表现。

2 演讲时可借题发挥。

俗话说"万事开头难"，即兴演讲就会出现"开头难"的问题。我们抓住一个"媒介"借题发挥，马上就能让自己进入到演讲状态。这个

"媒介"可以是人、事、物，也可以是某种语言、某种环境等其他对象，通过媒介引出话题，展开联想，便可形成一篇即兴演讲。

对于在夏令营活动中需要进行即兴演讲的李然来说，他可以以此次夏令营为媒介展开自己的演讲。那么，李然该怎么做呢？

A 今天……其实我也没什么……没什么要讲的……

B 今天我没认真准备，但我还是想就此次活动中的见闻谈谈我的想法……

我更喜欢 B 场景中李然的表现。

3 把握好即兴演讲的各个环节。

一篇精彩的即兴演讲，离不开吸引人的开场白、充实的主体内容和有力度的结尾。其中，开场白是你向听众抛出的第一条彩带，听众往往从演讲开头就能判断你演讲的优劣。一般即兴演讲开场白应采取直入式，直接进入演讲核心，迅速抓住听众的注意力；主体部分则需要运用生动形象的事例来展开论述，同时加以精辟的分析，作出"点睛"的议论，令你的演讲有血有肉；结尾部分要简洁有力，多以号召式、希望式方式结尾，可鼓舞人心，给听众留下深刻的印象。

李然想在夏令营活动中展开即兴演讲，他怎么开场才能迅速吸引听众呢？

A 在今天的活动中，我的感想很多，一时间不知道该从哪儿讲起……

B 今天有两点让我印象深刻：一，活动丰富多彩；二，活动有教育意义……

我更喜欢 B 场景中李然的表现。

2. 主持人发言

"我"的困惑

我是媛媛。学校即将举办元旦庆典，我是庆典的主持人。虽然之前我也担任过一些活动的主持人，但主持中总会出现一些问题，比如出现口误、在台上不够灵活等，所以对于这次主持我也很忐忑，担心主持过程中再出现一些意外状况，被下面的老师和同学笑话。唉，真担心啊！

案例时间

卡耐基曾认识一位出色的主持人，有一次，这位主持人需要向一群记者介绍纽约电话公司的主管乔治·韦伯姆，而乔治·韦伯姆当天要做一次有关电话的演讲，题目为《电话如何为你服务》。

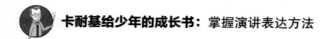

这位主持人的发言是这样的：

"对我来说，这个世界有很多神秘的东西，其中之一就是打电话时所发生的奇妙事情。

"你的电话号码怎么会接错？为什么有时你从纽约打电话到芝加哥，反而比从家里打到山那头的另一个城镇来得快？我们的演讲人不仅知道这些问题的答案，还知道其他一切有关电话问题的答案。20 年来，他的工作一直是将有关电话的各种详细资料整理分类，让这一事业能为外人所了解。他是一位电话公司的主管，因勤奋工作而获此职衔。

"现在，他将要告诉我们，他的公司为我们服务的方法。如果各位对今天的电话服务感兴趣，请视他为带来好运的圣者。倘若各位最近深为电话所扰，请让他做解决问题的发言人。

"各位先生，各位女士，今天给各位演讲的，就是纽约电话公司的副总裁，乔治·韦伯姆先生。"

这位主持人的发言多么巧妙！他先是提出了几个问题，以引发听众的好奇，同时也让听众想起了电话，接着又指出演讲者可以解答有关电话的这些问题，以及听众可能提出的问题。整个发言真诚自然，没有一句陈词滥调，仿佛是临场脱口而出。

卡耐基如是说

主持人是在舞台上引领和引导现场的灵魂人物，他如何巧妙地发言和表达至关重要。恰当的发言可以让你所主持的节目或所介绍的人与听众之间形成良好的链接，并营造出一种友好和谐的气氛。这就要求主持人事先要对自己所主持的节目、所介绍的人进行全面的了解，最重要的是牢记你所介绍的人的姓名、资历等。

与此同时，你在主持时还要保持真诚的态度，并让你的表情随着内容的变化而变化。对于一些贬低之词、不恰当的幽默和夸夸其谈等内容要完全避免，因为你是处于一个社交环境中，你可能与其中的某人很熟，但听众不一定。哪怕你的评论是无心的，也可能引起听众的误解。

你可以这样做

怎样在主持节目时出色地发言呢？

1 提前做好充分的准备。

即使你的主持发言很简短，可能都不到一分钟，你也需要认真准备，收集各种与所主持的节目有关的内容。比如：节目有哪些环节，会邀请哪些人上台讲话，结束时该如何出场，等等。同时，对于要在节目中发言的人，你还需要确切地知道他讲话的主题是什么，这样你向听众介绍时，才能准确地用听众感兴趣的话题来引出要讲话的人。

媛媛要想在此次活动中做好主持人的角色，她应该怎么做呢？

A

媛媛，你的主持人发言准备好了吗？

呃……也没什么特别准备的吧？我就把台词背下来就好了……

B

媛媛，你的主持人发言准备好了吗？

我正在准备，昨天我把节目中介绍校长出场的词都准备好了。

我更喜欢 B 场景中媛媛的表现。

2 采用 "T-I-S" 模式发言。

对于大多数主持人发言来说，"T-I-S" 模式是个很好的提纲，可以帮助你组织收集的资料。其中，T 表示主题，也就是你在主持时要说出的准确的主题；I 表示重要性，在这个阶段你要用你的主持发言将你要介绍的节目或人与听众之间架起桥梁；S 表示你介绍的要出场的人，你在这部分需要列出该人突出的资历，尤其是那些与主题相关的部分，最后再准确地说出对方的名字。在整个过程中，你的主持都要充满热情和真诚，以营造一个和谐友好的氛围。

如果媛媛想在自己的主持发言中运用这个模式，她该怎么准备呢？

A 媛媛，这个"T-I-S"模式真的很适合你的主持哎！
算了吧，太复杂了，我还是想到哪儿讲到哪儿吧！

B 媛媛，这个"T-I-S"模式真的很适合你的主持哎！
嗯，我正按这个模式认真准备我的发言内容呢，希望到时候有惊喜哟！

我更喜欢 B 场景中媛媛的表现。

3 避免主持中可能犯的错误。

有些主持人的失败之处在于他说得太多，把主持变成了他个人的演讲专场，让听众反感；有的主持人喜欢沉浸在自己的高谈阔论之中，想向听众证明自己的才华和重要性；还有些主持人会在主持时说一些笑话，有些甚至是很低级、没有品位的笑话，或者以幽默的方式来抬高或贬低其他人的职业。所有这些做法都是错误的。如果你想要成为一名出色的主持人，上面这些错误一定要避免。

媛媛在主持时应该怎样注意避免这些错误呢？

A

你说得对哈！我现在就来找。

媛媛，我感觉你可以在主持时加点笑话，活跃气氛啊！

B

我想按照"T-I-S"模式进行，不加入额外的笑话、玩笑，免得画蛇添足。

媛媛，我感觉你可以在主持时加点笑话，活跃气氛啊！

我更喜欢 B 场景中媛媛的表现。

3. 辩论演讲

"我"的困惑

我是小智。我的性格比较内向，所以我就想挑战自己，多参加一些辩论活动，于是我就跟班里的几个同学一起报名了学校的辩论赛。但现在这几个同学都不愿意跟我同组，因为他们觉得我在辩论时缺乏自信，看起来缺乏魄力，辩论语言也缺乏条理性，容易把他们的思路打乱。我觉得我应该也没那么差吧，真搞不清他们为什么这么说我！

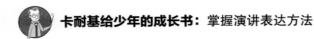

1960 年 2 月 3 日，时任英国首相的哈罗德·麦克米伦曾经向南非联邦国会的两院发表演讲。当时，南非当局采取的是种族隔离政策，而他必须面对南非立法团体，陈述英国没有种族歧视的观点。

那么，麦克米伦首相是不是一开始就阐述双方的这种分歧呢？并没有。一开始，他只是强调南非在经济上取得了了不起的成就，对世界作出了巨大贡献。然后，他才巧妙而机智地提出了双方有分歧的问题。但即使讲到这一点，他还是指出，他非常了解这种分歧都来自双方各自真诚的理念。

这场演讲非常精彩，麦克米伦首相在其中说道：

"作为大不列颠及北爱尔兰联合王国的一位成员，我们真诚地希望能给予南非支持和鼓励，不过希望各位不要介意我的直言：在我们国家的领土上，我们正在设法给予自由人政治前途，没错，这是我们坚定的信念！所以，我们不能在支持和鼓励各位的同时违背自己的信念。在我看来，不管谁是谁非，我们都要像朋友一样一起面对一个事实，那就是我们之间至今还存在分歧。"

一个人无论多么坚决地想与演讲者对抗，在听了这样的言论之后，他都会相信演讲者公正的坦诚之心。

美国西北大学前校长毕特·狄尔·斯科特说："每个新的意见、观念或结论被提出来，都会被认为是真理，除非有相反的理念阻碍，那样就另当别论了。"如果想在辩论中说服别人，就要拥有发自内心的诚挚的自信，并以这种内在的光辉来阐述自己的理念和观点。而且，我们只有先说服自己，才能用这样的观点去说服别人。

与此同时，在辩论中，不论你与对方的分歧有多大、多尖锐，观点有多么针锋相对，都会有一些共同的地方可以使你与对方、与听众之间产生心灵的共鸣。而你要做的，就是找到这些共鸣之处，以此来感染对方和听众，让他们最终能够接受你的观点。

怎样在辩论演讲中获得胜利？

1 语言要热情而富有感染力。

当演讲者以富有感情和感染力的语言来阐述自己的观点时，听众很少会产生反对意见。要知道，你的目标是说服对方，因此动之以情比晓之以理的效果更好。当然，前提是你的理必须能服人才行。要激发听众的情感，你自己先必须热烈如火，这样你的精神才能通过你的声音展现出来，不仅能与听众形成良好的沟通，还能震撼你的对手。

小智想在辩论中更好地展示自己，他应该怎样调整自己的状态呢？

A
小智，你的辩论赛快开始了吧，现在你试讲一下我看看怎么样？

有什么可试的？能把话说出来，把对方的观点驳倒就行了呗！

B
小智，你的辩论赛快开始了吧，现在你试讲一下我看看怎么样？

我要先酝酿下情绪，让自己更自信些，这样我的语言才更富有激情！

我更喜欢B场景中小智的表现。

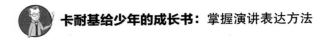

2 用例证来证明论点。

在证明你的论点时，用事实案例代替讲道理的效果要好得多。当然，你选的案例一定要有较强的说服力，列举的事实也必须真实、典型，这样才能让你的观点站住脚，增强论据的说服力。同时还要注意，你的例证不要太啰唆冗长，否则篇幅过长，就会成为赘语，反而冲淡了你的论点。

小智想在辩论中充分展示自己的观点，他怎么做更合适呢？

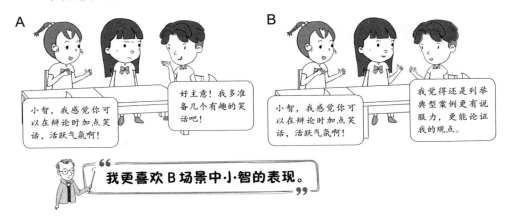

A

小智，我感觉你可以在辩论时加点笑话，活跃气氛啊！

好主意！我多准备几个有趣的笑话吧！

B

小智，我感觉你可以在辩论时加点笑话，活跃气氛啊！

我觉得还是列举典型案例更有说服力，更能论证我的观点。

我更喜欢 B 场景中小智的表现。

3 语言要通俗化、口语化。

有些人认为，在辩论演讲中说一些听不懂的新名词的演讲者才是高手，其实恰恰相反。演讲者经过一番认真准备后，对演讲内容的理解往往更加深刻，这时就需要既能深入又能浅出，发言时避免用难以理解的词语。即使使用，也要进行说明解释，便于听众快速理解、接纳。此外，还要多用比喻、排比、对比等手法，以增强演讲的说服力。如果能在演讲中用幽默的语言或大义凛然的陈词引发听众的笑声和掌声，那么你的辩论就会更成功。

小智想让自己的辩论更有说服力，他该用什么样的语言风格呢？

4. 竞聘演讲

我是苗苗。下星期我们班要进行班委评选，我早就想竞选班长了，去年我就因为竞选演讲没讲好，导致竞选失败了，这次我一定要好好讲！但现在我有点担心，不知道该怎么进行我的竞聘演讲。前几天达达跟我说，只要多提自己以前的成绩就能增加胜算，可我除了学习成绩好之外，好像也没取得什么别的成绩。我该怎样演讲，才能在竞聘中胜出呢？

美国南北战争结束之后，一位曾经参加过战争的士兵约翰·爱伦和参

加过多次战争的陶克将军一同竞选国会议员。陶克将军在战争中功勋卓著，战后还曾三次担任国会议员，相比之下，爱伦显然处于弱势。

陶克将军率先发言：

"各位同胞们，记得就在 17 年前的那个晚上，我带兵在茶座山与敌人进行激战。经过一场激烈的血战后，我在山上的丛林中昏迷了一个晚上。如果大家没忘记那次艰苦卓绝的战斗的话，请在选举时也不要忘记那些曾经吃尽苦头、风餐露宿却又屡建战功的人。"

陶克将军还列举了自己的战绩，想以此唤起选民们对他的信任，效果果然不错，他收到了激烈的掌声和欢呼。

轮到爱伦了，只听他用低沉的声音说：

"同胞们，陶克将军说得不错，他的确在那场战争中立下了奇功。而我，当时就是他手下的一个无名小卒，为他出生入死，冲锋陷阵。但这还不算什么，当他在丛林中安睡时，我正携带武器站在凄冷的荒野之上保护他……"

爱伦的话音还没落，就立即引起了选民们更加热烈的掌声。通过展示自己保护陶克将军的片段，他让选民们明白了：将军的赫赫战功其实离不开千万个默默无闻的小兵的奉献和牺牲。他还用事实证明：战争中的小兵比将军更加艰辛、处境更加危险。显然，这些话更能打动同样默默无闻的选民们。

竞聘演讲是为了竞争上岗而发表的演说，它的作用是推销自己，说服听众来支持自己，帮自己争取到期望的岗位。它与普通演说的不同之处在于，它的目的和主题非常明确，就是"我要当船长"。你想当"船长"，而别人也想当，所以你的演讲就要在"竞"字上下功夫，要不蔓不枝地告诉听众为什么我更适合这个职位。

要想竞聘成功，你就要学会推销自己。不论在任何时候，都不要害怕推销自己，只要你认为自己有资格担任这个职务。当你充满自信地站在台上时，面对众人讲话就会从容不迫，就会以最好的心态展示自己，从而为自己的竞聘加分。

如何在竞聘演讲中出色地展示自己呢？

1 展示自己以往的经历和成绩。

要想在竞聘中获得支持，首先要将自己以往的经历和取得的成绩展示出来，以此来证明自己可以胜任所竞聘的职位。在这一阶段主要突出三个方面，即工作态度、工作能力和以往每个阶段的成绩，而且要重点突出，适当时还可重复某些关键词，给听众留下深刻的印象。

苗苗想在竞聘中胜出的话，除了展示自己出色的学习成绩外，还可以怎么展示自己呢？

2 表达自己的信心和决心。

既然已经展示了自己的成绩，接下来就要表明自己有能力、有信心、有决心胜任所竞聘的职位了。为了表达出自己的信心和决心，你在演讲时要声音洪亮，底气十足，并配合以无比坚定的手势和眼神，这样才能感染评委，使他们愿意投票给你。

苗苗想展示自己的信心和决心，提升自己的竞聘优势，她该怎么做呢？

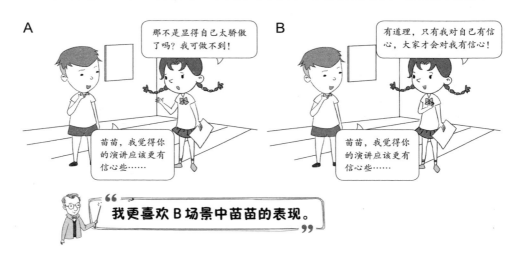

3 对工作作出设想和承诺。

如果你竞聘成功的话，你打算如何开展自己的工作？按照你的工作规划，能取得什么效果？这些你都需要在竞聘演讲中讲出来。不仅如此，你还要敢于当着听众的面作出承诺，即如果工作没有做好、目标没完成，你会怎样，如自动辞职等。人们都有喜欢听保证的心理，而你的承诺就像一颗"定心丸"，会让大家觉得你一定有些真才实学，否则也不会夸下海口，由此你竞聘成功的可能性就增大了。

　　苗苗想要竞聘成功的话，该对自己以后的工作作出什么样的设想和承诺呢？

5. 日常谈话中的"演讲"

　　我是达达。昨天我们家里来了几个亲戚，大家一起到外面边吃饭边聊天。在聊天中，大家突然聊到了我的学习，因为我的学习成绩不错，大家就突然要求我当场给几个弟弟妹妹讲讲学习方法。哇，当着那么多亲戚的面让我讲，真紧张啊！我甚至连有没有讲明白都不知道。妈妈说，以后这种情况还有很多呢，让我多练习练习，可我怎么练习呢？

美国有一位著名的电视演员，名叫萨姆·卜卡森。他原本是一所中学的普通教师，但他很喜欢演讲，于是就经常利用自己的闲暇时间，将自己所熟悉、了解的亲戚、朋友、学生及家长，或者那些发生在自己身上的一些有趣的事例写成演说词，然后拿到这些人面前进行演说。

随着萨姆所创造的演讲机会不断增多，他演说的内容也更加丰富，演说水平也在不断提高。渐渐地，一些社会团体和机关组织听说了他的事，纷纷来邀请他去为他们进行演说。一开始萨姆还有些担心，生怕自己在那么多人面前讲不好丢人，但后来他想通了，这不正是提高自己的演说技巧的宝贵机会吗？于是只要有演说邀请，他都会热情地答应，并认真地准备演讲稿，让自己以最佳的状态去完成这份"工作"。

后来，他的演说技巧和演说水平引起了某电视台的关注，于是电视台向他抛来了橄榄枝，他成了电视节目中的一位特邀演员。

美国通用汽车公司为了提高员工的演讲水平，专门设置了一个讲习班，用于平时进行演说训练。对于小学生来说，虽然不必像他们那样严格，但重视日常谈话中的演说，对提升我们的演讲能力非常有帮助。如果你能掌握并运用好一些演说技巧，不但能帮你与他人实现有效的沟通，充分地表达自己的情感，让你的言语更加生动感人，而且能为你带来更多的机会，让你在学习和生活中获得更多、更好的机会。

你可以这样做

怎样在日常谈话中锻炼自己的演讲技巧呢？

1 善于运用细节描述。

在日常会话中穿插一些细节描述，可以使你所描述出来的事物更加形象生动，也更能吸引听众的注意力，从而帮你获得自信和勇气。当你拥有了自信和勇气后，你再与人交谈时就能表达得更准确、生动，并给那些与你交谈的人留下良好印象，从而为自己赢得更多的机会。

达达想要在亲戚面前做好"演讲"，以下哪种表达方式更好呢？

A 其实也没什么特别的方法，就是多努力……

B 我觉得学习除了认真外，还要善于思考，比如在记英语单词时……

我更喜欢 B 场景中达达的表现。

2 创造一切机会讲话。

为了提高自己的演讲水平，我们在日常生活中要多创造一些机会讲话，甚至可以适当地为自己创造一些在众人面前演讲的机会，对自己进行训练。比如，你可以参加校园或家庭聚会中的一些活动，并在活动中找机会积极讲话；如果有当主持人的机会，不要拒绝和逃避，这恰恰是提高演说技巧的好机会。

达达想提高自己谈话的水平，平时该怎么做呢？

3 不随便揭短，不胡乱恭维。

在与人交谈时切不可揭别人的短处，将人家的短处当话题。要知道，人无完人，包括我们自己也是不完美的，随便谈论别人的短处只会伤害到对方，使你的人际关系受到影响。当然，我们也不必为了立"好人"人设而夸大其词地恭维别人，交谈时不失时机地赞美对方自然有必要，但过度赞美反而显得虚伪了，甚至会影响你与对方的深入交流。

达达想赢得更多人的喜欢和认可，他在平时的讲话中就非常注意。比如，下面他与苗苗的对话。你觉得达达怎么说更好呢？

经典演说：马丁·路德·金——《我有一个梦想》（节选）

导读

1963 年 8 月 28 日，美国黑人民权运动领袖马丁·路德·金在林肯纪念堂前发表了《我有一个梦想》的演说，把美国民权运动推向高潮，此后美国国会通过了 1964 年的《人权法案》和 1965 年的《选举权法》，正式以立法形式消除种族歧视，提高了黑人的政治参与度。

该篇演说中使用了大量平行结构，后半部分更是以 6 个"我梦想有一天……"作为起始句，把梦想实现的范围从大到小层层推进，极具号召力和感染力。整篇演讲朗朗上口，铿锵有力，将听众的情绪一次次推向高潮。

正文

朋友们，今天我对你们说，尽管我们会遇到种种困难和挫折，但我仍然有一个梦想，这个梦想是深深扎根于美国的梦想中的。

我梦想有一天，这个国家会站立起来，真正实现其信条的真谛："我们认为这些真理是不言而喻的，人人生而平等。"

我梦想有一天，在佐治亚州的红山上，从前奴隶的后嗣将能够和奴隶主的后嗣坐在一起，共叙兄弟情谊。

我梦想有一天，甚至连密西西比州这个正义匿迹、压迫成风，如同沙漠般的地方，也将变成自由和正义的绿洲。

我梦想有一天，我的四个孩子将在一个不是根据他们的肤色，而是根据他们的品格优劣来评价他们的国度里生活。

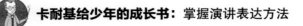

今天，我有一个梦想。

我梦想有一天，亚拉巴马州能够有所转变，尽管该州州长现在仍然满口异议，反对联邦法令，但有朝一日，那里的黑人男孩和女孩将能与白人男孩和女孩亲密无间，携手并进。

今天，我有一个梦想。

我梦想有一天，幽谷上升，高山下降；坎坷曲折之路成坦途，圣光披露，满照人间。

…………